DOMINIQUE LORMIER

LES GRANDES BATAILLES DE LA PREMIÈRE GUERRE MONDIALE

Dominique Lormier

Historien et auteur de plus de 150 ouvrages, membre de l'Institut Jean Moulin, lieutenant-colonel de réserve, chevalier de la Légion d'Honneur, Dominique Lormier est l'un des plus grands spécialistes des deux guerres mondiales.

Les grandes batailles de la première guerre mondiale

Publié par Le Retour aux Sources

www.leretourauxsources.com

© Omnia Veritas Limited – Dominique Lormier – 2020

Tous droits réservés. Aucune partie de cette publication ne peut être reproduite par quelque moyen que ce soit sans la permission préalable de l'éditeur. Le code de la propriété intellectuelle interdit les copies ou reproductions destinées à une utilisation collective. Toute représentation ou reproduction intégrale ou partielle faite par quelque procédé que ce soit, sans le consentement de l'éditeur, de l'auteur ou de leur ayants cause, est illicite et constitue une contrefaçon sanctionnée par les articles L-335-2 et suivants du Code de la propriété intellectuelle.

INTRODUCTION 11

I. 17

    LA BATAILLE DE LA MARNE AOUT - SEPTEMBRE 1914 17
        L'armée française prépare la revanche 17
        Les plans et les forces en présence 20
        L'échec de l'offensive française 23
        L'habile retraite du général Joffre 25
        Les erreurs du commandement allemand 26
        L'incroyable contre-offensive française 27
        Les artisans de la victoire française 33
        La fixation du front occidental 41

II. 43

    LA BATAILLE DE TANNENBERG AOUT-SEPTEMBRE 1914 43
        Le mythe du « rouleau compresseur » russe 43
        Le plan russe 46
        Concentration et dispositions préliminaires 47
        Un premier succès russe inexploité 49
        La foudroyante riposte allemande 51
        L'exploitation de la victoire allemande 54
        Un bilan mitigé 55

III. 58

    LA BATAILLE DES DARDANELLES MARS 1915-JANVIER 1916 ... 58
        Le renouveau militaire turc 58
        L'importance géostratégique de l'empire ottoman 60
        Les inquiétudes britanniques 61
        L'imbroglio diplomatique des Balkans 62
        Le blocus naval des Alliés 62
        La rivalité et la solidarité franco-britanniques 64
        Le plan allié aux Dardanelles 65
        La tentative navale de forcement du détroit des Dardanelles 67
        Le débarquement des troupes alliées 72
        Succès français à Koum-Kalé 74
        Demi-succès ailleurs 75
        L'enlisement du front 76
        La baie de Sulva et Lone Pine 78
        Les Pieds-Noirs aux Dardanelles 81
        Le rembarquement des troupes alliées 82

IV 84

LA BATAILLE DE CHAMPAGNE SEPTEMBRE-OCTOBRE 1915 84
La montée en puissance de l'artillerie lourde 85
La spectaculaire transformation du soldat français 86
Nouvelle tactique française de l'offensive 87
Les forces en présence en Champagne 89
La préparation d'artillerie 91
Les débuts prometteurs de l'offensive française 93
L'attaque de la deuxième position allemande 96

V 100

LA BATAILLE DE L'ISONZO MAI 1915-SEPTEMBRE 1917 100
Le front le plus difficile de la Grande Guerre 101
Les forces en présence 104
Les plans en présence 106
Premiers bonds offensifs italiens sur l'Isonzo 107
La première offensive de l'Isonzo (23 juin-7 juillet 1915) 111
La seconde offensive de l'Isonzo (juillet-septembre 1915) 116
Troisième et quatrième offensives de l'Isonzo (octobre-décembre 1915) 121
La cinquième offensive de l'Isonzo (mars 1916) 126
La sixième offensive de l'Isonzo (août 1916) 128
Les septième, huitième et neuvième offensives de l'Isonzo (septembre-novembre 1916) 133
La dixième offensive de l'Isonzo (mai-juin 1917) 140
La onzième offensive de l'Isonzo (août-septembre 1917) 144
Une bataille effacée de la mémoire historique 151

VI 153

LA BATAILLE DE VERDUN FÉVRIER-DÉCEMBRE 1916 153
Falkenhayn décide de frapper à Verdun 153
Le théâtre de guerre de la future offensive 154
La méthodique préparation allemande 158
Alerte tardive et hâtive improvisation chez les Français 160
Les forces en présence et les débuts de l'offensive allemande 160
Pétain organise la défense 163
« Courage, on les aura ! » 164
La cote 304 : le 7 mai 1916 165
L'ultime effort de l'armée allemande 167
Les contre-offensives françaises 169

    Une défaite pour l'Allemagne 171

VII **175**
  LA BATAILLE DE LA SOMME JUILLET-NOVEMBRE 1916..................... 175
    Le choix de la Somme... 175
    Un terrain difficile à l'offensive 176
    La puissance des défenses allemandes 177
    Les forces en présence sur la Somme.. 178
    Le plan de l'offensive.. 179
    La nouvelle tactique du général Foch 180
    L'expérience française et l'inexpérience britannique 181
    Échec sanglant des Britanniques et succès complet des Français 183
    La splendide bravoure des soldats britanniques...................... 186
    L'enlisement final et le courage au quotidien 188
    Les tanks utilisés pour la première fois 190
    Un bilan mitigé 192

VIII **194**
  LA BATAILLE DU CHEMIN-DES-DAMES – LA MALMAISON AVRIL-
  NOVEMBRE 1917 194
    Un demi-succès sur le terrain 194
    Pétain rétablit la situation 200
    La Malmaison : la revanche du Chemin-des-Dames 204
    L'année Pétain 206

IX **209**
  LA BATAILLE DE CAPORETTO OCTOBRE-DECEMBRE 1917 209
    L'Allemagne au secours de l'Autriche-Hongrie 209
    Rommel en tête du dispositif offensif 211
    Une offensive irrésistible... 213
    La retraite générale 215
    Le sacrifice de certaines troupes italiennes 216
    Résistance héroïque des Italiens sur le Piave et dans le Trentin .. 218
    Un désastre militaire pour l'Italie et une victoire inachevée pour
    l'Autriche 219

X **224**
  LA BATAILLE DE PICARDIE ET DES FLANDRES MARS-AVRIL 1918........ 224
    La défection de la Russie permet à l'Allemagne d'attaquer en
    France 225
    L'offensive allemande en Picardie 226

    La tactique d'infiltration des troupes d'assaut 228
    La riposte française 229
    Offensive allemande dans les Flandres 230
    Les sauveurs sont de nouveau français 231

XI 233
   LA BATAILLE DE LA MARNE MAI-JUILLET 1918 233
    Une puissante offensive allemande 233
    Les Allemands atteignent la Marne 234
    La fougueuse contre-attaque française 236
    Ultime offensive allemande 236
    Le tournant de la guerre sur le front occidental 238
    Arme clef de la victoire : le char Renault FT 17 240

XII 243
   LA BATAILLE DE VITTORIO VENETO OCTOBRE-NOVEMBRE 1918 243
    Les plans et les forces en présence 243
    L'offensive italienne 246

CONCLUSION 252
   SOURCES PRINCIPALES 261

ÉDITIONS LE RETOUR AUX SOURCES 275

INTRODUCTION

La guerre de 1914-1918 est le premier conflit moderne voyant l'utilisation de toutes les armes industrielles qui vont marquer le 20e siècle. On y engage massivement les mitrailleuses, l'artillerie, l'aviation, les blindés, les gaz de combat et les sous-marins.

Alors qu'en 1914, l'armée française présente encore certains aspects vieillots des combats du 19e siècle, avec ses uniformes voyants et chamarrés, sa cavalerie à cheval, ses charges au sabre et à la baïonnette, en l'espace d'une année, en 1915, cette même armée connaît une transformation spectaculaire, avec l'adoption du premier casque d'acier, fabriqué industriellement à des millions d'exemplaires, l'équipement d'une tenue de campagne gris bleuté identique à tous les corps de troupe, la multiplication des mitrailleuses aux seins des régiments d'infanterie, l'avènement d'une artillerie lourde à longue portée et à tir rapide. L'aviation, réduite au début à des missions de reconnaissance, ne cesse de se moderniser et de se diversifier, avec la création d'escadrilles de combat en 1915. Les chars d'assaut sont utilisés pour la première fois par les Britanniques en septembre 1916, lors de la bataille de la Somme.

Le caractère global de ce conflit et les alliances militaires rendent la stratégie européenne et mondiale. Ce ne sont plus deux pays qui s'affrontent, mais des coalitions de plusieurs nations et empires durant plusieurs années. Les batailles prennent alors une tournure nouvelle, dont les conséquences se répercutent sur les divers théâtres de guerre. Tout au long de ce conflit, les impératifs tactiques et stratégiques penchent en direction de cette globalisation des opérations militaires. Les fronts deviennent dépendants les uns des autres, même si des objectifs locaux marquent parfois la guerre de tranchée. La conquête d'une position est souvent le prélude à une offensive de grande ampleur. Certains assauts visent à détourner l'adversaire d'un danger plus grand qui le menace ailleurs. Tout est lié dans une interdépendance sans fin, puisque la lutte terrestre se poursuit également sur mer et dans les airs, avec ses impératifs non seulement militaires, mais également économiques et logistiques. Ainsi, l'Allemagne tente par la guerre sous-marine d'acculer certains pays ennemis à la famine et à la ruine économique, tandis que le blocus naval des alliés vise aux mêmes résultats à l'encontre des puissances centrales.

Les combats de cette guerre mondiale marquent à jamais les esprits par l'ampleur des moyens employés. Le combattant prend conscience de son impuissance physique et morale contre les déluges d'artillerie, qui bouleversent le terrain en quelques heures, comme notamment à Verdun en 1916. Il est désormais devenu possible de rendre la guerre totalement inhumaine, par une puissance de feu sans équivalent dans toute l'histoire des siècles précédents. Le danger peut venir non seulement des pièces d'artillerie à tir rapide, des mitrailleuses, mais également des gaz de combat, de l'aviation de chasse et de bombardement, des tanks tirant de tous côtés.

La monotonie de la guerre de tranchée frappe à juste titre. Attaques et contre-attaques se succèdent d'une manière sordide et meurtrière. De longues périodes d'inaction minent le moral de la troupe, agglutinée dans des tranchées, où la boue, le froid, la neige rendent la situation fort éprouvante physiquement, de même qu'en été, avec un soleil de plomb et une chaleur parfois caniculaire.

Durant des semaines les soldats français, surnommés les poilus du fait qu'ils sont de solides gaillards (le poil symbolise la virilité et la bravoure), restent presque sans bouger au fond de leurs tranchées, piétinant dans la boue, sous les bombardements. Parfois il leur faut repousser une attaque ennemie ou passer eux-mêmes à l'assaut. Le plus souvent c'est l'immobilité qui prime. On « tue » le temps avec des jeux de carte, l'observation des positions adverses, la rédaction d'un journal de tranchée ou d'une lettre pour la famille.

Lorsque l'attaque est lancée, l'artillerie d'en face exécute un tir de barrage, véritable mur d'acier, une pluie d'obus, que les assaillants doivent traverser. Ceux qui y parviennent sont ensuite fauchés par les mitrailleuses ou s'empêtrent dans les fils de barbelés. Parfois, lorsque la tranchée adverse est atteinte, il s'ensuit une lutte féroce à la baïonnette, au poignard, à la pelle bêche, à la grenade, lorsque l'ennemi ne s'est pas replié vers la seconde tranchée.

Généralement les tranchées ne sont pas rectilignes mais creusées en zigzag pour éviter les obus d'artillerie. Il n'y a jamais de tranchées isolées mais une succession de lignes, trois en général. De nombreux boyaux partent de l'arrière du front pour gagner la première ligne. La tranchée est un ouvrage défensif, avec ses réseaux de fils barbelés qui la protègent, sur lesquels les poilus ont accroché des boîtes de conserve, pour prévenir des coups de mains nocturnes. Des nids de mitrailleuses complètent la défense, ainsi que des parapets où des tireurs d'élite guettent l'ennemi.

Entre les tranchées françaises et allemandes se trouve un espace vide, que l'on nomme no man's land, où patrouillent les soldats des deux camps, avec le risque d'y être tué par l'artillerie, par les tirs de fusils ou de mitrailleuses des soldats du camp adverse. Cet espace est plus ou moins grand, allant de quelques kilomètres, de plusieurs centaines de mètres à quelques dizaines de mètres. Dans la tranchée même on creuse également des abris souterrains, appelés cagnas ou gourbis, pour y dormir, y vivre et se protéger des tirs d'artillerie.

Les traumatismes psychiques se multiplient dans cette débauche de destruction massive. Les blessures ne sont pas uniquement physiques. La guerre terminée, les rescapés du massacre continuent de la vivre en esprit, marqués à jamais par les horreurs de toutes sortes. Certains s'enferment dans le labyrinthe des souvenirs de cette tragédie, devenant ainsi des absents du monde réel. Le fascisme naît en partie de cette nostalgie de la bravoure guerrière, trouvant dans la volonté de puissance totalitaire un moyen de faire perdurer l'esprit de corps de tranchées. L'inadaptation d'une partie de cette population à la vie civile fait naître un vaste sentiment d'incertitude sur le futur. On tente d'y remédier par un pacifisme qui veut rendre la guerre hors-la-loi, mais là encore la fuite de la réalité rend la situation tragique. Le nationalisme revanchard des vaincus heurte de plein fouet l'utopie d'un monde sans haine et sans armes. La fin inachevée de la Première Guerre mondiale et sa paix, en partie bâclée, sont les préludes d'un prochain conflit, encore plus dévastateur.

Dans cet ouvrage, nous allons découvrir les grandes batailles qui ont marqué ces diverses phases du conflit, par une synthèse détaillée, permettant d'en comprendre le sens tactique et stratégique, tout en pénétrant au cœur même de la vie quotidienne des combattants par de multiples témoignages.

I

LA BATAILLE DE LA MARNE
AOUT - SEPTEMBRE 1914

La troisième République entreprend un effort gigantesque pour doter la France d'une armée nombreuse et puissante, suite à la défaite militaire de 1870-1871 contre la Prusse et les états allemands. La reconquête des territoires perdus de l'Alsace et de la Lorraine occupe l'esprit des politiques et des militaires français. Cela débute avec la loi sur le recrutement, votée le 27 juillet 1872, déclarant le service militaire obligatoire pour tous d'une durée de 5 ans. Les anciens appelés du contingent font ensuite parti durant 15 à 20 ans des réservistes et des territoriaux, mobilisables à tout moment.

L'armée française prépare la revanche

La loi du 13 mars 1875 fixe la composition de l'armée de la métropole à 144 régiments d'infanterie, 30 bataillons de chasseurs à pied, 38 régiments d'artillerie, 70 régiments de cavalerie ; et pour les troupes d'Algérie à 4 régiments de zouaves, 3 régiments de tirailleurs, 1 régiment de légion étrangère, 5 bataillons d'Afrique, 8 régiments de cavalerie, les services d'artillerie étant assurés par des batteries détachées.

Diverses fortifications sont construites ou améliorées dans le nord et l'est de la France, notamment à Lille, Maubeuge, La Fère, Reims, Paris, Verdun, Toul, Épinal, Belfort, Langres, Dijon, Besançon. Le général Serré de Rivières, sorti de l'école polytechnique en 1837, est l'instigateur de ce vaste programme défensif, devant permettre à la France de pouvoir mobiliser son armée en toute sécurité.

La loi de recrutement de 1889 établit les dispositions suivantes : tous les Français doivent 25 ans de service, dont 3 années dans l'armée d'active, 7 dans la réserve et 15 dans la territoriale. Le nombre des sous-officiers de carrière passe de 8000 en 1881 à 48 000 en 1913.

En 1886, l'infanterie est armée du fusil Lebel, première arme à répétition utilisant la poudre sans fumée. L'artillerie ne cesse de se perfectionner, avec notamment la sortie en 1893 du canon de 75 mm à tir rapide, supérieur à tous ses rivaux. Définitivement adopté en 1897, il est mis en fabrication dans le plus grand secret : une décision qui fait honneur au gouvernement Méline.

La loi du 21 mars 1905 fixe la durée du service actif, égale pour tous, à 2 ans, et sa durée totale à 25 ans, dont 11 ans dans la réserve et 12 ans dans la territoriale.

En 1913, l'armée allemande compte 42 000 officiers, 112 000 sous-officiers et 722 000 soldats ; contre 29 000 officiers, 48 000 sous-officiers et 532 000 soldats dans l'armée française. Grâce à la loi du 7 août 1913, le service militaire actif en France est de nouveau établi à trois ans, permettant ainsi à l'armée de porter ses effectifs en temps de paix à 760 000 hommes, le 15 avril 1914. Des hommes politiques comme Raymond Poincaré et Louis Barthou, sans oublier le général Joffre, sont à l'origine de cette mesure qui permet à la France, moitié moins peuplée que l'Allemagne, de disposer d'effectifs militaires aussi importants. Cet effort initial de la France est, proportionnellement à la population des deux pays, supérieur à celui de l'Allemagne.

Parallèlement au développement de l'armée métropolitaine, la France se dote d'une puissante armée coloniale, dont la loi du 7 juillet 1907 lui attribue un régime propre et un budget distinct. On assiste à la création de 19 régiments d'infanterie coloniale et 7 régiments d'artillerie coloniale. Les troupes indigènes des différentes colonies, à l'exception de celles de l'Afrique du Nord, entrent également dans la composition de l'armée coloniale, avec les tirailleurs sénégalais, regroupant en fait l'ensemble des troupes noires de l'Afrique occidentale et équatoriale françaises. L'armée d'Afrique, distincte de l'armée coloniale, repose sur les unités algériennes, marocaines et tunisiennes. Enfin, les tirailleurs indochinois sont incorporés dans l'armée coloniale.

Les plans et les forces en présence

En août 1914, début du déclenchement des hostilités en Europe, le commandement allemand prévoit une invasion rapide de la Belgique, afin de prendre à revers le gros de l'armée française, imprudemment engagée en Lorraine. L'armée allemande, défendant la Lorraine, doit repousser les attaques françaises, tandis qu'une vaste offensive allemande, venant de Belgique, a pour mission de dépasser la basse Seine, en assiégeant Paris par l'ouest et le sud, afin d'encercler l'adversaire en pleine retraite à l'est du front et le forcer à capituler.

De son côté, le commandement français prévoit

d'enfoncer le front allemand au centre du front, à savoir la Lorraine, afin de couper en deux l'armée adverse, en affaiblissant ainsi sa cohésion et sa puissance. La percée effectuée, l'armée française sera ainsi en mesure de contraindre l'ennemi à une longue retraite en territoire allemand. Négligeant la Belgique, pays neutre, tout y en maintenant des faibles forces à la frontière, la stratégie française est résolument offensive, alors que celle de l'Allemagne combine judicieusement l'offensive d'encerclement avec la défense temporaire de fixation.

L'armée française d'août 1914 aligne 84 divisions d'infanterie, 10 divisions de cavalerie, 4000 canons de 65 mm et 75 mm, 380 pièces de 120 et 155 mm ; tandis que l'adversaire allemand engage sur le front occidental 78 divisions et 22 brigades d'infanterie (représentant l'équivalent de 10 autres divisions), 10 divisions de cavalerie, le gros de ses 5000 pièces d'artillerie de 77 mm et de ses 3500 canons de 105 mm à 420 mm.

L'armée française peut compter sur l'aide de 6 divisions britanniques d'infanterie et 1 de cavalerie, sans oublier 6 divisions belges d'infanterie et 1 de cavalerie.

Ainsi, sur le front occidental, 88 divisions allemandes (infanterie et cavalerie) affrontent 108 divisions alliées, dont 94 divisions françaises. Encore faudrait-il se mettre d'accord sur la valeur réelle, en effectifs, des divisions en présence. Les divisions belges et britanniques d'infanterie alignent en moyenne 9000 à 13 000 hommes, alors que les divisions françaises et allemandes montent jusqu'à 18 000 hommes.

La légère supériorité des effectifs alliés, souffrant d'un manque de cohésion d'ensemble du fait de la neutralité de la Belgique et de la prudence britannique, est largement compensée par l'écrasante supériorité numérique allemande en artillerie lourde. Supériorité également technique lorsque l'on sait que les meilleurs canons lourds français de campagne portent à seulement 6500 mètres de distance, alors que leurs rivaux allemands les plus puissants atteignent leurs cibles jusqu'à 14 000 mètres. Il existe certes une artillerie lourde française de siège, mais son absence de mobilité rend son utilisation limitée à la guerre de position, alors que les deux premiers mois du conflit sont marqués par les mouvements rapides de l'offensive, de la retraite et de la contre-offensive. Enfin, l'armée française ne dispose que de 6 mitrailleuses par régiment contre 12 chez les Allemands.

Le fantassin français est quasiment l'unique

combattant d'Europe à porter encore un uniforme voyant, hérité des guerres du siècle passé, alors que son rival allemand a adopté la tenue moderne feldgrau (gris-vert de campagne).

Pour contrer la Russie, l'armée allemande compte surtout sur l'Autriche-Hongrie, avec ses 51 divisions et 16 brigades d'infanterie, 11 divisions de cavalerie, soutenues par 10 divisions allemandes d'infanterie, 12 brigades d'infanterie et 1 division de cavalerie. Les 73 divisions et 28 brigades de ces deux puissances centrales, engagées sur le front oriental, affrontent 143 divisions russes (114 d'infanterie et 29 de cavalerie), dont seulement la moitié dispose d'un armement complet et de la totalité des effectifs théoriques. On comprend cependant l'empressement du commandement allemand d'en finir rapidement avec l'armée française, la plus redoutable de ses adversaires, pour ensuite porter l'ensemble de son effort contre la Russie. L'importance de la bataille de la Marne apparaît dans toute son ampleur.

L'échec de l'offensive française

Lorsque l'armée allemande envahit la Belgique en août 1914, le commandement français n'est pas entièrement surpris, contrairement à ce qui est souvent affirmé : il engage la 5e armée française du général Lanrezac, le corps expéditionnaire britannique du général French et compte sur le concours de l'armée belge, tandis que 4 autres armées françaises sont massivement engagées en Lorraine et en Alsace.

Le commandement français se trompe cependant sur l'importance des troupes allemandes attaquant la Belgique. Il n'y voit qu'une offensive de diversion, de même qu'il sous-estime la puissance de l'armée allemande en Lorraine, évaluant ses effectifs à 46 divisions au lieu des 68 divisions déjà positionnées dans ce secteur. Le général Joffre, commandant en chef de l'armée française, estime que l'étirement des lignes allemandes, de la Belgique à l'Alsace, va lui permettre de répéter la bataille d'Austerlitz et de frapper l'ennemi au centre, principalement en Lorraine, pour le couper en deux. Or, le commandement allemand n'hésite pas à engager dès le début des opérations ses troupes de réservistes, que Joffre sous-estime en importance et en qualité.

De son côté, le commandement belge croit que la solidité de ses fortifications, bordant la frontière allemande, permet de fixer assez longuement l'offensive allemande, afin de favoriser l'arrivée des troupes franco-britanniques.

Or l'artillerie allemande se montre rapidement capable d'écraser les forts les plus solides.

L'offensive française en Lorraine, du 17 au 24 août 1914, tourne court. L'infanterie française, faiblement soutenue par son artillerie, charge baïonnette au canon des positions allemandes truffées de mitrailleuses et de canons de divers calibres. On déplore 30 000 soldats français tués rien que le 22 août 1914 ! Un régiment d'infanterie perd 1034 de ses hommes sur 3200 en quelques minutes, lors d'une charge à la baïonnette. L'artillerie lourde allemande muselle sa rivale française avec d'autant plus de facilité que ses canons sont dix fois plus nombreux et portent deux fois plus loin !

L'habile retraite du général Joffre

Devant la progression de l'armée allemande en Belgique et son échec cuisant en Lorraine, le général Joffre ordonne une retraite générale. Les Allemands pensent avoir désormais le champ libre pour exécuter leur plan d'encerclement du gros de l'armée française. Cependant, les troupes britanniques au Cateau et françaises à Guise mènent des actions retardatrices qui permettent un repli en bon ordre de l'armée française, battue en Lorraine. De même, devant Verdun, Nancy et Toul, la 3e armée française du général Sarrail et la 2e du général de Castelnau opposent une farouche résistance à des forces allemandes plus nombreuses. Enfin, la valeureuse armée belge lutte pied à pied avec un immense courage.

Joffre enjoint au reste de son armée (6e armée française, corps expéditionnaire britannique, 5e, 9e et 4e armées françaises) de se rétablir au sud de la Marne pour y affronter l'ennemi dans une bataille décisive.

Les erreurs du commandement allemand

C'est alors que le commandement allemand, trop confiant dans son succès défensif en Lorraine, se met à accumuler les erreurs. Si l'aile droite allemande avance vite en refoulant les Français entre Paris et Verdun, le repli français se déroule en bon ordre. Pour hâter la fin de l'adversaire français, le général von Kluck, commandant de la 1ère armée allemande, décide de ne plus appliquer le plan à la lettre. Au lieu de contourner Paris par l'ouest, il dirige son armée à l'est de la capitale française, en direction de Coulommiers, pour presser davantage le corps expéditionnaire britannique et la 5e armée française du général Franchet d'Esperey. Au même moment, la 6e armée française du général Maunoury menace l'aile droite de la 1ère armée allemande à l'ouest, entre Senlis et Meaux. Dix divisions allemandes sont retenues par les sièges d'Anvers et de Maubeuge, en Belgique, ou en instance de départ pour la Prusse orientale. La cavalerie allemande demeure passive à Amiens, s'en prendre la peine d'occuper les côtes de la Manche.

Le 3 septembre 1914, des aviateurs français voient l'aile droite allemande délaisser Paris pour marcher vers le sud-est. Le général Gallieni, gouverneur de Paris ordonne alors à la 6e armée française du général Maunoury de frapper le flanc de la 1ère armée allemande, ce qui a pour effet de stopper sa progression. Du coup, le général Joffre ordonne de mettre fin à la retraite et de contre-attaquer immédiatement.

L'incroyable contre-offensive française

La contre-offensive française débute le 5 septembre, de Senlis à Vitry-le-François, sur environ 200 kilomètres, où 4 armées françaises et le corps expéditionnaire britannique affrontent 4 armées allemandes. Lorsque la 6e armée française du général Maunoury, lancée par Gallieni contre le flanc de la 1ère armée allemande, passe à l'offensive, elle cause une grande inquiétude au général von Kluck, qui craint d'être pris à revers. Pour y faire face, la 1ère armée allemande est obligée d'arrêter l'axe de son avance vers le sud-est.

Le 6 septembre 1914 paraît l'ordre fameux du général Joffre à l'ensemble de son armée :

« Au moment où s'engage une bataille dont dépend le salut du pays, il importe de rappeler à tous que le moment n'est plus de retraiter en arrière ; tous les efforts doivent être employés à attaquer et à refouler l'ennemi. Une troupe qui ne peut plus avancer devra, coûte que coûte, garder le terrain conquis et se faire tuer sur place plutôt que de reculer. Dans les circonstances actuelles aucune défaillance ne peut être tolérée. »[1]

Les 6 et 7 septembre 1914, sur ordre du général Gallieni, environ 600 taxis parisiens sont réquisitionnés pour transporter les fantassins de la 7e division d'infanterie. Les véhicules, en majorité des Renault AG1, roulent en moyenne à 25 km/h. Rassemblés aux Invalides, ils partent durant la nuit en deux groupes, direction Tremblay-lès-Gonesse (aujourd'hui Tremblay-en-France) puis Le Mesnil-Amelot. Dans la journée du 7, pour des raisons logistiques, ce convoi redescend sur Servan-Livry, tandis

---

[1] Archives militaires françaises, Vincennes.

qu'un second convoi de 700 véhicules quitte les Invalides pour atteindre Gagny. Les taxis sont rassemblés à Gagny et Levry-Gargan, afin de charger les troupes et d'organiser les convois, qui partent dans la nuit du 7 au 8 septembre et sont à pied d'œuvre le 8 au matin aux portes de Nanteuil-le-Haudouin et de Silly-le-Long. Après avoir déposé les fantassins, les chauffeurs de taxi rentrent à Paris. Cette opération permet d'acheminer environ 5000 soldats français près du champ de bataille de la Marne.

Durant le même temps, les autres armées allemandes continuent la poursuite des forces françaises et britanniques, de telle sorte qu'une brèche énorme de 50 kilomètres s'est ouverte au centre du dispositif entre les 1ère et 2e armées allemandes, à compter du 7 septembre 1914. Les 8 et 9 septembre, le corps expéditionnaire britannique et la 5e armée française s'y engouffrent avec facilité, menaçant ainsi la 1ère armée allemande d'encerclement. Devant cette menace, le général von Bülow, qui commande la 2e armée allemande, arrête ses troupes.

La 9e armée du général Foch oppose une admirable résistance. Cette armée, constituée depuis le 29 août 1914, tiens les lieux de Mondement, de Fère-Champenoise et des marais de Saint-Gond. « Mon centre cède, dit Foch, et ma droite recule. Tout va bien. J'attaque. »² Et aussitôt par une manœuvre hardie autant qu'habile, Foch relève en pleine bataille la division Grossetti, la brave 42e, pour la porter, de gauche à droite, sur le flanc de la garde prussienne. La victoire est acquise sur le terrain.

Le commandement allemand perd totalement de son assurance. La redoutable machine de guerre germanique s'enraye et il n'y a pas de solution de rechange. Le général von Moltke envoie un émissaire, le colonel Hentsch, pour s'informer au mieux de la situation auprès de chacun des commandants d'armée sur le terrain. Il est chargé par le général en chef allemand de coordonner la retraite. Or, aux 5e, 4e et 3e armées, aucun repli n'a débuté. Mais les perspectives sont peu encourageantes en raison de la surprenante volte-face française. À la 2e armée, la crainte d'un enveloppement par les Français et les Britanniques est telle que von Bülow, avec l'assentiment de Hentsch, ordonne le repli de ses troupes vers le nord-est.

Lorsque Hentsch atteint le commandement de la 1ère armée, il y trouve une atmosphère particulièrement sombre : von

---

[2] Archives militaires françaises, Vincennes.

Kluck craint d'être encerclé sous peu et lui aussi ordonne la retraite. En raison de la présence des Britanniques et des Français à sa gauche, il ne peut se replier vers le nord, ce qui a pour effet d'aggraver encore plus la brèche entre son armée et celle de von Bülow. Dès lors, la défaite allemande est irrémédiable les 8 et 9 septembre 1914.

Pour qu'elle se transforme en déroute, il faudrait que la poursuite des troupes françaises et britanniques soit menée avec vigueur et rapidité. Mais les troupes alliées ont énormément souffert depuis le mois d'août et la victoire de la Marne, concrétisée le 10 septembre, a été très coûteuse en vies humaines. Le repli allemand s'effectue en bon ordre.

L'espoir allemand de finir la guerre à l'ouest début septembre 1914 se termine par une défaite, dont les conséquences stratégique sont énormes. Le 11 septembre, le recul allemand est général, Joffre peut télégraphier au gouvernement français, replié sur Bordeaux, que « la bataille de la Marne s'achève en une victoire incontestable ». L'infanterie française, qui a parcouru de nombreux kilomètres depuis le 15 août, de Mézières à Reims, par Charleroi, Guise, Laon et Montmirail, est épuisée. L'armée allemand recule de 60 à 150 kilomètres pour établir un front sur l'Aisne. La Marne sauve la France d'un désastre, brise définitivement le plan de guerre allemand et détruit le mythe d'invincibilité de l'état-major à Berlin. Elle condamne l'Allemagne à la guerre sur deux fronts, véritable hantise des stratèges de toutes les guerres.

Du 5 au 14 septembre 1914, 1 100 000 soldats français et 200 000 soldats britanniques ont tenu en échec 1 485 000 soldats allemands, sur 300 kilomètres de front, de Senlis à Verdun. Les pertes témoignent de l'acharnement de cette bataille, avec 80 000 soldats français hors de combat (tués ou blessés), 2000 soldats britanniques et 130 000 soldats allemands. Les troupes françaises ont également capturé 16 000 soldats allemands. Le succès français est d'autant plus remarquable, que l'armée allemande alignait dix fois plus de canons lourds que l'armée française.

Plus à l'est, la bataille pour Nancy (4-12 septembre 1914), prolongement de la bataille de la Marne, se termine par une éclatante victoire de la 2e armée française du général de Castelnau qui, bien que luttant à un contre deux en infanterie et un contre trois en artillerie, parvient à repousser la 6e armée allemande du Kronprinz de Bavière.

Le général von kluck, commandant de la 1ère armée allemande (battue sur la Marne), ne peut cacher son admiration devant l'étonnante bravoure des troupes françaises :

« Que des hommes ayant reculé pendant dix jours, couchés par terre, à demi morts de fatigue, puissent reprendre le fusil et attaquer au son du clairon, c'est une chose avec laquelle nous n'avions pas appris à compter, une possibilité dont il n'avait jamais été question dans nos écoles de guerre. »[3]

Les artisans de la victoire française

Le canon français de 75 mm a joué un rôle important dans le succès français sur la Marne. En effet, l'étirement excessif des lignes allemandes prive l'infanterie d'un soutien suffisant en artillerie lourde, retardée à l'arrière par les difficultés logistiques du transport ou la résistance héroïque de plusieurs forts belges. Le canon de 75 se trouve alors en mesure de refouler les régiments ennemis, surtout que son rival allemand de 77 mm est incapable de museler son incroyable cadence de tir.

En 1897, deux ingénieurs français de premier plan, les capitaines Sainte-Claire Deville et Émile Rimailho

---

[3] Archives militaires allemandes, Fribourg-en-Brisgau.

achèvent le canon de 75, qui s'avère aussitôt être une merveille technique aussi originale que hardie. Capable de tirer 25 obus à la minute, le double de ses homologues étrangers, il porte jusqu'à 8000 mètres, alors que son adversaire allemand, le 77 mm modèle 1896, n'atteint que 5500 mètres. Le meilleur exemple des tirs meurtriers du 75 français se situe en septembre 1914, où les masses d'infanterie allemande sont écrasées jusqu'à former de leur corps, par endroits, une épaisseur de deux mètres !

L'infanterie française s'avère également particulièrement endurante : capable d'attaquer avec fougue, de reculer pour des raisons tactiques et de subitement contre-attaquer, à la grande surprise du commandement allemand. Composée en majorité de paysans, habitués aux tâches physiques les plus rudes, cette infanterie supporte les pires privations sans perdre de sa valeur combative. Qu'on se représente le soldats français dans la chaleur torride des mois d'août et de septembre 1914, titubant sous sa charge écrasante, penché en avant pour compenser la douloureuse traction de son invraisemblable paquetage (environ 30 kilos), et déjà on frémira d'une pitié mêlée d'admiration pour celui qui bientôt deviendra le légendaire « poilu ».

Les liens profonds entre le peuple français et son armée bouleversent l'art de la guerre. La guerre devient l'affaire de toute la nation : mobilisation générale, réquisitions massives. Les méthodes de combat évoluent : attaque à la baïonnette en ordre dispersée de l'infanterie française qui bouscule les positions ennemies. Cette nouvelle armée française, composée de toutes les classes sociales, désormais soudée par un fort sentiment national, persuadée de défendre les valeurs universelles de la République (liberté, égalité et fraternité), devient rapidement invincible sous le commandement de généraux avisés, ayant tiré les leçons de la défaite en Lorraine.

La marche est l'élément essentiel de la stratégie militaire française, son arme absolue. La rapidité de déplacement des troupes tricolores permet de fondre sur l'ennemi avant qu'il ait eut le temps d'achever la concentration de ses forces, sans oublier de procéder à de vastes manœuvres d'enveloppement, prenant l'adversaire à revers, en lui coupant ses lignes de ravitaillement et de retraite. La vie quotidienne du soldat français en campagne est donc marquée principalement par les marches et les contremarches. De la Lorraine à la Marne, cette armée parcourt des centaines de kilomètres en quelques jours seulement sans perdre de sa cohésion et de sa pugnacité offensive : elle contre-attaque même après une longue et éprouvante retraite, à la grande stupeur du commandement allemand.

La veille de la bataille de la Marne, le commandement allemand apprend que certaines divisions françaises ont parcouru 140 kilomètres en un jour et demi ! Sa surprise est immense, car il ne peut admettre que les Français ont fait en quelques heures un trajet qui demande aux fantassins allemands trois journées.

L'armée française se déplace de 20 à 60 kilomètres par jour, avec sur le dos un équipement allant de 24 à 33 kilogrammes. Seul délassement, la « halte aux pipes », cinq minutes toutes les heures pour les fantassins, et, pour les officiers, les « honneurs de la goutte » offerts à l'occasion de la première halte par le chef de bataillon.

« Le général Joffre a trouvé une nouvelle méthode de faire la guerre ; il ne se sert que de nos jambes et pas de nos baïonnettes. » Jolie formule qui permet au rédacteur officiel d'un journal de guerre d'ajouter avec aplomb : « À présent, les soldats français vont si vite qu'ils n'ont pas le temps d'être tués. »[4]

Sur la route, les soldats français sont volontiers goguenards et râleurs : ils détestent un ordre mal donné ou mal compris qui fait faire plus de chemin que nécessaire. Mais ces mêmes soldats, lorsque leurs pas les portent près du champs de bataille, serrent les rangs, les tambours battent *Aux champs*, les fantassins pressent le pas cadencé, les officiers saluent de l'épée : l'assaut de la « furie française » est irrésistible, aucune armée européenne ne résiste à l'infanterie française !

L'artisan de la victoire de Marne, le général Joffre, écrit dès le 25 août 1914, alors que son armée se trouve en pleine retraite : « Les armées de l'est formeront, en résistant, le pivot de la manœuvre rétrograde. Celles du centre et de gauche se déroberont, mais, bientôt renforcées, se tiendront prêtes à reprendre l'offensive en temps voulu. »[5] Et voici que son plan se déroule comme prévu. Celui que les soldats français ont déjà surnommé le « grand-père » leur inspire tant d'affection et de confiance, qu'ils lui

---

[4] Archives militaires françaises, Vincennes.

[5] Archives militaires françaises, Vincennes.

obéissent sans se soucier ni des fatigues, ni des misères, ni des dangers. Cette retraite formidable s'opère dans un tel ordre et avec une telle méthode, malgré l'encombrement des chemins et la lamentable cohue des réfugiés, que l'ennemi, surpris, hésite à l'entraver. Elle s'achève le 5 septembre, sans que les forces morales aient été entamées. Il lance alors son armée dans une surprenante contre-offensive.

De son côté, le général Gallieni, autre artisan de cette victoire, met le camp retranché de Paris en état de défense, tout en observant les mouvements de l'ennemi, grâce à l'utilisation de l'aviation de reconnaissance. C'est ainsi qu'il est averti que l'armée allemande, au lieu de marcher sur lui, s'infléchit vers le sud-est et présente ainsi son flanc, sans donner à celui-ci une protection suffisante. Un véritable homme de guerre ne peut négliger pareille aubaine. Gallieni signale à Joffre l'imprudent virage de l'adversaire, puis après une attente laborieuse mais efficace, il entame une manœuvre qui va contraindre les Allemands à un repli total. Mais pour cela, il doit entamer une série de négociations avec les Britanniques, qui acceptent finalement de contre-attaquer avec leurs frères d'arme français.

Grand oublié de ce succès militaire français, le général Franchet d'Esperey, nouveau commandent de la 5e armée, joue un rôle de première importance. De concert avec les Britannique, il fonce sur le point faible de la défense allemande, enlève Montmirail, puis pose le pied sur le plateau de Vauchamps, dans un élan digne des grognards de 1814, prend de flanc les troupes de von Klück qui, séparé de son voisin Bülow, doit ordonner la retraite. Ainsi s'ouvre la phase initiale du déclenchement général, tandis que Foch tient ferme et contre-attaque au centre du dispositif.

Joffre, Gallieni, Franchet d'Esperey, Foch, voici quelques-uns des artisans de cette mémorable victoire. Il convient d'y ajouter le général de Castelnau. Ainsi, quand le 25 août 1914, les troupes du prince Ruprecht de Bavière se présentent pour forcer la trouée des Charmes – en exécution du vaste plan d'enveloppement sur les deux ailes qu'a formé l'état-major germanique – elles trouvent à qui parler. Leur attaque, contrariée par une vigoureuse contre-offensive, est brisée, et tous leurs grands projets de ce côté se trouvent bouleversés. Jusqu'au 2 septembre, elles sont tenues en respect. Cependant, la bataille dite des frontières ayant été perdue, les autres armées françaises sont en plein recul ; mais la capitale de la Lorraine, Nancy, demeure inviolée, et les Allemands, qui attendent de son occupation un grand effet moral, veulent s'en emparer à tout prix. C'est alors que, du 4 au 12 septembre 1914, se déroulent les phases de cette belle et habile défense du Grand-Couronné, qui est devenue légendaire. Castelnau en est l'âme. Il sait exploiter admirablement le courage de ses soldats et la valeur de ses adjoints, les généraux Fayolle, Balfourier, Ferry et Durand. Il obtient ainsi des résultats magnifiques, protégeant le flanc droit du dispositif français engagé sur la Marne.

Enfin, grand oublié de la victoire de la Marne, le général Sarrail commande la 3e armée française le 2 septembre 1914, en remplacement du général Ruffey. Cette armée, après une belle défense de la frontière, aux abords de Vitron, suit naturellement le mouvement et se replie, en tenant tête à l'ennemi à Stenay sur les abords de Verdun. Là, elle forme le pivot du nouveau front qu'a ordonné Joffre, et il faut, pour que l'opération conserve un caractère de manœuvre, que ce pivot demeure inébranlable. Sarrail le comprend, et donnant de sa propre autorité une interprétation à la fois judicieuse et hardie aux instructions qu'il a reçues, il se maintient énergiquement à son point d'appui, permet ainsi l'habile manœuvre de Joffre sur la Marne et couvre le flanc de la résistance de Castelnau devant Nancy. Sarrail fait preuve, en ces graves circonstances, de qualités militaires incontestées, apportant ainsi une contribution majeure à la victoire française sur la Marne.

Ainsi la qualité du matériel comme le canon de 75, de la troupe et d'une partie du commandement ont joué un rôle essentiel dans cette bataille décisive, forçant l'armée allemande à la lutte défensive sur deux fronts, situation qui lui sera fatale à la longue.

La fixation du front occidental

De Nieuport à Craonne, sur 500 kilomètres de front, trois armées françaises, le corps expéditionnaire britannique et la valeureuse armée belge, repoussent, d'octobre à décembre 1914, les assauts enragés de cinq armées allemandes. Ces combats, connus sur le nom de bataille de la course à la Mer, où l'armée allemande tente de déborder vainement à chaque fois l'aile gauche des défenses alliées à l'ouest, se termine par la mise hors de combat (tués ou blessés) de 254 000 soldats français, 17 000 soldats britanniques, 10 000 soldats belges et 170 000 soldats allemands. L'armée allemande, bien que bénéficiant d'une écrasante supériorité en artillerie, n'a pu à nouveau rompre le front adverse. Une fois de plus, les troupes françaises ont payé le prix fort de cette bataille, jouant un rôle décisif dans cette victoire défensive, permettant la sauvegarde de ports importants comme Dunkerque et Calais.

Sur 950 kilomètres de front, de la mer du Nord à la frontière suisse, la guerre se fige en combats de tranchées, ou les deux camps s'opposent lors d'attaques et de contre-attaques stériles, pour des gains territoriaux dérisoires et des pertes effrayantes.

Le bilan de l'année 1914 se solde positivement pour la France, malgré l'impréparation militaire de son armée, moitié moins de mitrailleuses par régiment et dix fois moins d'artillerie lourde que sa rivale allemande : elle est parvenue à repousser l'offensive allemande, obligeant l'Allemagne à lutter sur deux fronts, face à la France et à la Russie. L'espoir d'une guerre éclaire contre la France s'effondre de même que le mythe du rouleau compresseur russe fait long feu.

II

LA BATAILLE DE TANNENBERG
AOUT-SEPTEMBRE 1914

La Russie mobilise le 31 juillet 1914, dans un vaste mouvement de patriotisme, bien décidée à défendre la Serbie, menacée par l'Autriche-Hongrie. Le système des alliances fait que finalement la guerre se généralise en Europe.

Le mythe du « rouleau compresseur » russe

Devant affronter 11 divisions et 12 brigades allemandes (infanterie et cavalerie) présentes en Prusse orientale, ainsi que 62 divisions et 16 brigades austro-hongroises étalées sur le reste du front oriental, soit un total de 73 divisions et 28 brigades ennemies, l'armée russe, forte de ses 143 divisions (114 d'infanterie et 29 de cavalerie), semble imposante sur le papier. Or la réalité est toute autre. La lenteur de sa mobilisation exige de longs mois, du fait de l'immensité de son territoire, desservi par un chemin de fer au réseau squelettique. Seulement la moitié des effectifs est disponible lors des premières opérations militaires.

Le soldat russe, solide, frugal, stoïque et courageux, doit souvent marcher au combat les mains vides et attendre qu'un camarade s'écroule pour lui prendre son fusil. La pénurie de matériel est telle que certaines unités n'ont qu'un fusil pour six hommes. Mal commandé par des officiers supérieurs souvent incompétents, le soldat russe devient une proie facile aux idées révolutionnaires. D'autant que le régime et le commandement multiplient les maladresses à son égard.

Cependant, des progrès indéniables sont obtenues. Le règlement de 1912 de l'armée russe, imbu d'esprit offensif, mais accordant au feu et à la manœuvre la place qui leur est due, est excellent. Le commandement, qui a fait preuve d'une scandaleuse insuffisance dans sa guerre en Mandchourie contre le Japon en 1904-1905, est sensiblement amélioré et le niveau des officiers et des sous-officiers relevé de 1906 à 1914.

Le grand programme militaire, décidé en 1913, doit porter l'armée russe vers 1917 au niveau de celui de l'armée allemande. Or les événements tragiques de l'été 1914 mettent fin à de tels projets. Au seuil de la guerre, l'armée russe apparaît homogène, malgré ses faiblesses matérielles. Ses ressources humaines semblent inépuisables, avec la possibilité de mobiliser 4 500 000 hommes. L'instruction de la troupe est bonne et son moral apparaît solide. Malgré les rivalités qui divisent son corps d'officiers supérieurs, l'armée russe est correctement commandée jusqu'à l'échelon de la division. Mais il y a un abîme entre les privilégiés de la Garde et ceux de l'infanterie de ligne, dont la condition militaire est précaire.

L'infanterie russe est armée fusil Mosin-Nagant modèle 1891, dont la vitesse initiale du projectile est faible (620 mètres seconde), ce qui réduit par conséquence son efficacité meurtrière à 500 mètres, alors que le Lebel français modèle 1886-1893 s'avère dangereux jusqu'à 675 mètres et le Mauser allemand modèle 1898 jusqu'à 800 mètres. Enfin, la Russie entre en guerre avec des stocks de munitions squelettiques, qui limitent les effets de son artillerie remarquablement précise. La pièce de campagne de 76,2 mm est excellente, de même que les canons lourds du 106,7 mm aux 152 mm. Le parc d'artillerie russe demeure cependant faible en quantité en comparaison de ceux de ses adversaires allemands et autro-hongrois.

Le plan russe

Sachant que l'Allemagne lancera l'essentiel des forces contre la France, afin de la mettre hors de combat avant de se retourner massivement contre la Russie, mais sachant également qu'il sera attaqué par le gros des troupes autro-hongroises, l'état-major russe met en place un plan autour de deux impératifs : empêcher, quel qu'en soit le prix, l'écrasement de la France, tout en faisant face à l'offensive autrichienne. Il est donc indispensable d'attirer le maximum de forces allemandes et de prendre l'initiative contre les Autrichiens, ce qui revient à attaquer aussi bien en Prusse orientale qu'en Galicie.

Soixante à quatre-vingt-dix jours sont nécessaires à l'armée russe pour achever sa concentration, alors que dix jours suffisent aux Allemands et quinze aux Austro-Hongrois. Les Russes sont donc forcés d'attaquer avec des forces réduites.

Deux armées russes seront engagées en Prusse orientale. La 1ère, débouchant du Niemen vers Könisberg, fixera le gros des forces allemandes présentes, alors que la 2e, surgissant de la Narew vers le nord, interdira leur repli sur la Vistule. Quatre autres armées russes seront engagées en Galicie contre les Austro-Hongrois.

Plan hardi et risqué, dont l'exécution est en plus retardé par la lenteur du tsar de choisir le chef chargé de l'appliquer. En effet, c'est seulement le 2 août 1914 que Nicolas II nomme son oncle, le grand-duc Nicolas Romanov, comme généralissime de l'armée russe. Âgé de 58 ans en 1914, ce dernier a été, durant dix ans, inspecteur de la cavalerie avant de présider le Comité de Défense nationale en 1905-1908. De haute stature, d'un tempérament fin et distingué, il semble connaître parfaitement son métier militaire. Bouillant, impatient et autoritaire, ses ordres doivent être exécutés à la lettre. Sa tardive désignation comme chef des armées est cependant accueillie avec satisfaction par le commandement.

Concentration et dispositions préliminaires

La situation du grand-duc Nicolas est très délicate. Sans pouvoir disposer de la totalité de ses troupes, il doit lancer un offensive prématurée, afin de soulager ses alliés français à l'ouest. De plus, le plan qu'il est appelé à exécuter lui est peu connu. Le chef d'état-major qu'on lui impose, le général Ianouchkevitch, est nullement préparé à une tâche aussi importante. De fait, la stratégie russe repose sur les épaules du grand-duc Nicolas, sans oublier le général Danilov, son chef du renseignement militaire.

Dans sa directive du 10 août 1914, le grand-duc Nicolas écrit :

« Considérant que la guerre a été déclarée par l'Allemagne d'abord à la Russie, et que la France, en tant que notre alliée, a estimé comme de son devoir de venir immédiatement à notre aide, il est naturel et indispensable qu'en vertu de nos obligations d'alliées nous soutenions les Français, puisque les Allemands dirigent contre eux leur offensive principale. Cet appui, nous le leur donnerons, en prononçant le plus rapidement possible notre attaque contre les forces allemandes en Prusse orientale. Cette attaque, la 1ère armée pourra la commencer pour attirer sur elle le plus possible de forces ennemies. »[6]

Le commandement russe est d'autant plus prix par le temps, qu'il accorde une oreille attentive aux nouvelles venant du front occidental. Or ces dernières s'avèrent de plus en plus alarmantes : l'armée allemande envahit la Belgique, l'offensive française en Lorraine est un échec, les Allemands marchent sur Paris.

Pour contrer la menace russe en Prusse orientale, le

---

[6] *Archives militaires russes*, Moscou.

commandement allemand engage la 8e armée du général von Prittwitz, totalisant 200 000 hommes. Face à elle, les deux armées russes du Niemen totalisent 416 000 hommes : la 1ère armée du général Karlovith-Rennenkampf et la 2e armée du général Samsonov sont séparées par un trou de 150 kilomètres, qu'aucune unité de reconnaissance n'observe ni ne contrôle. La précipitation de cette offensive amoindrie les deux armées russes, encore privées d'une partie de leurs réserves. Avec une incroyable légèreté, ces deux armées correspondent par radio « en clair », sans aucune sécurisation par codes, ce dont les Allemands profitent avec une intense jubilation !

Craignant l'armée allemande de Prusse orientale, bien plus professionnelle, la stratégie russe apparaît hésitante : au lieu d'attaquer en masse l'est de la Prusse, seul deux armées sur six sont engagées dans cette offensive. Les deux généraux russes impliquées dans cette offensive, Karlovith-Rennemkampf et Samsonov, se détestent réciproquement. Cette mésentente au sommet va peser lourdement sur le déroulement des opérations.

Un premier succès russe inexploité

Le 17 août, la 1ère armée russe franchit la frontière et, après quelques escarmouches, affronte le 20, à

Gumbinnen, le gros de la 8e armée adverse. Sur un front de près de 90 kilomètres, l'artillerie allemande aligne 95 batteries contre 55 batteries ennemies. Malgré une plus grande puissante de feu, le général allemand von Prittwitz, timoré et hésitant, ne parvient pas à tirer avantage de cette situation matérielle. La droite russe essuie un échec, la gauche bloque toute les attaques allemandes et le centre, constitué du 3e corps d'armée, met en déroute l'adversaire, ce qui provoque la retraite générale de la 8e armée de Prittwitz.

Ce succès russe, chèrement acquis, est remporté après une semaine de marches forcées. Cependant, Garlovith-Rennekampf, en accordant un jour de repos à ses troupes, permet aux Allemands de se replier dans de bonnes conditions. La progression russe ne reprend que le 22 sur Königsberg, avec une cavalerie mal employée, qui ne sait ni reconnaître et ni poursuivre.

L'infanterie russe, éparpillée sur 96 kilomètres au cœur d'une forêt dense, ne parcourt que 16 kilomètres par jour et se montre incapable de maintenir un rythme plus élevé, au sein d'un territoire servant de terrain d'entraînement aux Allemands. Les Russes traversent un pays hostile à leur égard. Ils doivent laisser des troupes pour garder les voies de communication. Cela explique que les divisions russes déplorent une baisse des effectifs de l'ordre de 18%.

La foudroyante riposte allemande

Le 21 août 1914, le kaiser est informé de la situation de la 8e armée allemande par un télégramme du général von Prittwitz qui ne laisse planer aucun doute :

« Des forces russes importantes se portent en avant. J'entame cette nuit même une marche en retraite sur la Prusse occidentale. »[7]

L'empereur Guillaume II s'affole à l'idée de livrer aux Russes le sanctuaire de la dynastie prussienne. Pourtant Prittwitz ne fait qu'appliquer les ordres reçus auparavant : « Si la Russie engage des forces trop importantes, cela n'aura aucun inconvénient sur l'ensemble des opérations. La Prusse devra être abandonnée à l'est de la Vistule jusqu'à l'arrivée de nouvelles forces. »[8] Mais Prittwitz, décontenancé par l'annonce de la progression des deux

---

[7] *Archives militaires allemandes*, Fribourg-en-Brisgau.

[8] *Archives militaires allemandes*, Fribourg-en-Brisgau.

armées russes, refuse de s'engager de tenir la Vistule, signant ainsi son limogeage. En 48 heures, le général von Hindenburg, secondé par le général Ludendorff, prend le commandement de la 8e armée allemande. Au contraire des deux généraux russes, les deux chefs allemands s'endentent et se complètent à merveille. Ils se font mutuellement confiance et aspirent à accomplir ensemble leur devoir.

Hindenburg est un brillant stratège, tandis que Ludendorff est un habile tacticien. Les deux hommes décident de faire le vide au nord, devant la 1ère armée russe de Karlovith-Rennenkampf, confié à la vigilance de la seule 1ère division de cavalerie, tandis que la totalité de leurs forces est dirigée au sud, contre la 2e armée de Samsonov : 166 000 soldats allemands vont affronter 171 000 soldats russes lors de la bataille de Tannenberg.

La chance joue en plus en faveur des Allemands qui, ayant réussi à capter les ordres de leurs deux adversaires, transmis par radio « en clair », lisent à livre ouvert le plan du commandement russe.

Hindenburg installe son poste de commandement à Tannenberg et donne ses ordres à son adjoint Ludendorff. En fait, il ne fait que reprendre en grande partie le plan de Prittwitz, limogé depuis peu. À la masse centrale de

Samsonov, on n'oppose que des forces minimes, qui peuvent s'infléchir, à condition d'éviter la rupture, pendant que deux groupements, constitués à l'ouest par le 1er corps d'armée du général von François, à l'est par le 17e corps de Mackensen et le 1er corps de réserve d'Otto von Below, renforcés de tous les territoriaux disponibles, sont chargés d'envelopper et de détruire l'adversaire.

Les 26 et 27 août 1914, les ailes russes de l'armée Samsonov sont écrasées ou refoulées à Usdau, Mlawa et Ortelsbourg, tandis que le centre russe s'épuise jusqu'au soir du 28 sans succès contre le 20e corps allemand. Le 29, von François et Mackensen font leur jonction dans la forêt de Willenberg, encerclant ainsi totalement la 2e armée russe, dont toutes les routes de repli sont coupées. Les troupes russes, alors dispersées en poches isolées, sont pilonnées sans répit par l'artillerie allemande. Privé de commandement, la confusion s'empare des soldats russes, dont bon nombre abandonnent leurs armes et s'enfuient droit vers les forces allemandes à l'arrière, tandis que le reste de la troupe se rend en masse. Tentant en vain de rompre cette muraille de feu, les Russes sont définitivement vaincus le 30 au soir.

Le bilan est éloquent : 78 000 soldats russes tués ou

blessés, 93 000 prisonniers dont 13 généraux, 500 canons capturés, tandis que le général Samsonov, refusant la captivité, met fin à ses jours. Côté allemand, on déplore 38 000 soldats tués ou blessés.

La victoire allemande est presque complète. Le mythe de la supériorité germanique est ainsi ancrée sur le front oriental. Tannenberg, c'est ainsi que le tandem Hindenburg-Ludendorff donne le nom à cette bataille, pour effacer le désastre du même nom des chevaliers Teutoniques en 1410, devient le symbole de la victoire allemande sur les peuples slaves. Tandis que cette défaite russe, résultat d'une série de dysfonctionnement au plus haut niveau, porte un coup au prestige de l'autocratie tsariste.

L'exploitation de la victoire allemande

Pour que la victoire allemande soit complète, Hindenburg entend se débarrasser au plus vite de l'armée russe de Karlovith-Rennenkampf, toujours intacte et toujours mal renseignée de la situation exacte. Aussi, reportant toute la 8e armée, renforcée de deux corps arrivés de France, contre la 1ère armée russe, Hindenburg monte une nouvelle manœuvre d'anéantissement.

Cet affrontement débute le 7 septembre 1914. Alors que les Russes sont fixés sur tout leur front, les 1er et 17e corps allemands forcent leur gauche sur les passages des lacs Mazures, à Lötzen et à Arys, et tentent, en se rabattant vers le nord, de leur couper la retraite. Mais les soldats russes, se battant avec une ténacité extraordinaire, arrivent à contenir les assauts des Allemands. Karlovith-Rennenkampf, parvenu à constituer des réserves, déjoue en partie cette manœuvre en contre-attaquant avec acharnement, pour éviter l'encerclement. Le 12 septembre, les Allemands sont à Suvalki et à Wirballen, mais Karlovith-Rennenkampf, qui a décroché à temps, parvient péniblement à repasser le Niemen du 13 au 15 septembre, avec une partie de son armée.

Un bilan mitigé

Si l'offensive russe se solde finalement par une grave défaite, elle a cependant atteint un de ses buts en fixant la 8e armée allemandes et ses renforts en Prusse orientale : la France n'a pas été vaincue et les Allemands doivent accepter la guerre sur deux fronts, ce qu'ils voulaient à tout prix éviter.

Cependant Hindenburg et Ludendorff parviennent à renverser une situation gravement compromise. L'immense espérance placée dans le rouleau compresseur russe s'envole. Si l'armée russe a pu attaquer avec succès dans un premier temps, ses limites apparaissent très vite : en l'espace d'un mois, elle est repoussée par une armée allemande moins nombreuse, mais mieux commandée et mieux organisée. La route de Berlin ouverte n'est plus qu'une utopie.

L'état-major russe s'avère incapable de coordonner son action, il est vrai précipitée à la demande de la France. La 8e armée allemande peut utiliser ses lignes ferroviaires et sa supériorité dans les moyens de communication pour attaquer séparément les deux armées russes. Le centre de la 2e armée russe de Samsonov plie, les ailes se referment et c'est finalement l'encerclement. Le commandement russe néglige sa cavalerie et ses 42 avions disponibles pour savoir où se trouve l'ennemi. La 1ère armée russe de Karlovith-Rennenkampf se fait berner par une unique division allemande de cavalerie, qui parvient à lui faire croire que le gros de l'armée germanique retraite devant elle. La victoire de Tannenberg est alors acquise contre la 2e armée russe totalement écrasée : la 8e armée allemande n'a plus ensuite qu'a culbuter la 1ère armée russe.

Lors de cette première confrontation germano-russe, l'armée allemande se montre innovante dans la défensive, puis s'adonne à sa guerre préférée, celle du mouvement par de vastes opérations d'encerclement.

Le soldat allemand, bien équipé et entraîné, démontre une fois de plus ses qualités légendaires. Il est discipliné, stoïque, très courageux, à l'esprit à la fois défensif et offensif. À l'opposé de l'état-major russe qui n'accorde qu'une confiance limitée à ses troupes de réservistes, l'état-major allemand a soigneusement entraîné ses divisions de réserve afin de leur donner un degré d'efficacité permettant de les rendre immédiatement disponibles. L'armée allemande bénéficie de la pensée séculaire prussienne, associant le sens ultime du sacrifice à la volonté de puissance.

III

LA BATAILLE DES DARDANELLES
MARS 1915-JANVIER 1916

En 1914, les Alliés accordent qu'une faible importance à la puissance militaire ottomane. Battu en Libye par les Italiens en 1911-1912, ainsi que dans les Balkans par la coalition des Serbes, Monténégrins, Grecs et Bulgares en 1912-1913, l'empire ottoman fait figure d'adversaire peu redoutable. Or, la réalité va se révéler bien différente.

Le renouveau militaire turc

Malgré son déclin apparent, l'empire ottoman détient en 1914 des positions stratégiques essentielles, comme le canal de Suez, la Mésopotamie, les Balkans, les Dardanelles et la frontière avec le Caucase russe.

Dès l'été 1913, les troupes turques parviennent à reprendre aux Bulgares une partie du terrain perdu. Le principal artisan de cette reconquête, Enver Pacha, en retire une gloire militaire considérable. À la tête du mouvement nationaliste des « Jeunes-Turcs », il entreprend de rendre à son pays sa puissance militaire d'antan et demande à ce titre l'assistance militaire de l'Allemagne, en signant avec elle une alliance secrète dès le 2 août 1914. Depuis 1909, des instructeurs allemands participent activement à la modernisation de l'armée turque. De ce fait, cette armée présente à la veille de son entrée en guerre des uniformes presque exclusivement d'inspiration prussienne, à l'exception de la coiffure traditionnelle, à savoir le fez. L'armement est également en grande partie germanique, avec l'adoption de l'excellent fusil Mauser et de la redoutable mitrailleuse Maxim. Il en va de même de l'artillerie, avec les puissants canons des usines Krupp.

Sous les ordres d'officiers allemands et turcs formés à « la prussienne », le soldat ottoman va s'avérer un combattant redoutable, capable de supporter les pires privations, sans perdre de son mordant. S'installant de nuit avec 200 à 300 cartouches, une jarre d'eau tiède et quelques galettes de blé cuites dans l'huile rance, les tireurs d'élite de l'armée turque peuvent rester à l'affût des jours entiers sans relève, sous un soleil de plomb comme durant les nuits glacées, jusqu'au moment où, tardivement repérés par une mitrailleuse, ils achèvent leur destin de soldats assurés de retrouver ce paradis d'Allah que leurs imans ou leurs mollahs leur ont depuis toujours promis.

L'importance géostratégique de l'empire ottoman

Pour l'Allemagne de Guillaume II, l'alliance militaire avec la Turquie présente un intérêt géostratégique de tout premier ordre. En effet, le contrôle des détroits du Bosphore et des Dardanelles permet de couper la principale voie de communication entre la Russie et ses alliés franco-britanniques : la route maritime du nord par la mer de Barentz, étant bloquée en hiver par les glaces. Une offensive militaire turque contre la Russie contraint cette dernière à immobiliser des troupes dans le Caucase, loin du front européen, alors qu'elle doit également faire face aux armées allemandes et austro-hongroises sur le front oriental. La Turquie contrôle la Palestine et la Mésopotamie, d'où elle peut interrompre en partie les communications entre la Grande-Bretagne et son vaste empire colonial. Il suffit que la Turquie attaque le canal de Suez pour arrêter les transports des troupes coloniales britanniques à destination de l'Europe. Guillaume II envisage même d'intervenir directement au Moyen-Orient grâce au chemin de fer, le célèbre Bagdabahn, reliant l'Allemagne à la Mésopotamie et à ses champs de pétrole. Mais les puissances centrales (Allemagne et Autriche-Hongrie) doivent au préalable écraser la Serbie, qui contrôle le Bagdabahn sur plus de 300 kilomètres.

Les inquiétudes britanniques

Bien renseigné par les services secrets britanniques, Winston Chruchill, premier lord de l'amirauté, s'inquiète grandement de la main-mise allemande déguisée sur l'empire ottoman. Il décide même de suspendre la livraison à la Turquie de deux cuirassés, sans pour autant rembourser les avances. Cette décision soulève une immense colère populaire à Istanbul, si bien que la population ottomane fait un accueil triomphal aux croiseurs allemands Goeben et Breslau, venus se réfugier dans le Bosphore le 10 août 1914, après avoir échappé aux escadres franco-britanniques en Méditerranée. Passés sous pavillon turc tout en conservant leurs excellents équipages allemands, ces deux puissants bâtiments donnent ainsi à la Turquie la maîtrise de la Mer Noire. Dès lors, c'en est terminé de la neutralité ottomane : le 29 octobre 1914, le Goeben et le Breslau attaquent les ports russes de Sébastopol, d'Odessa et de Novorosiisk. Le 2 novembre 1914, l'état de guerre est proclamé entre la Turquie et les Alliés. Churchill fait immédiatement bombarder par sa flotte, se trouvant en Méditerranée, les forts turcs verrouillant l'entrée des Dardanelles, afin de bien montrer sa détermination à son nouvel adversaire.

L'imbroglio diplomatique des Balkans

L'entrée en guerre de la Turquie arrive au pire moment pour les Alliés. En effet, la Russie vient de subir une terrible défaite à Tannenberg en août-septembre 1914, tandis que l'armée serbe recule sous la pression de l'armée austro-hongroise. Du coup, les pays neutres des Balkans (Grèce, Bulgarie et Roumanie) croient à une victoire possible des puissances centrales (Allemagne et Autriche-Hongrie) et prennent leurs distances avec les Alliés. La diplomatie franco-britannique est d'ailleurs pauvre en promesses territoriales : elle ne peut promettre Constantinople à la Grèce sans mécontenter les Russes, qui lorgnent sur cette ville sainte de l'orthodoxie ; elle ne peut appuyer les revendications bulgares sur la Macédoine, que convoitent la Serbie et la Grèce. Quant à la Roumanie, elle désire reconquérir des territoires à la fois sur l'Autriche-Hongrie et sur la Russie.

Le blocus naval des Alliés

Sur le plan militaire, les Britanniques s'empressent

de contrôler la méditerranée orientale. Leurs navires de guerre, ancrés à Chypre, prennent position devant les Dardanelles pour empêcher le croiseur de bataille Goeben (23 000 tonnes) et le croiseur Breslau (5000 tonnes) de sortir des détroits. La flotte britannique patrouille également devant le littoral palestinien. L'escadre anglaise de Malte (amiral Milne) et la flotte française de l'amiral Guépratte effectuent un véritable blocus naval des différents détroits. Les Turcs répliquent en minant les Dardanelles, interdisant ainsi toute liaison navale entre Franco-Britanniques et Russes.

L'escadre franco-britannique, dont le commandement est passé à l'amiral Carden, tire sur les forts de Sedd ul-Bahr et de Koum-Kalé, qui barrent l'entrée des détroits. Le blocus allié s'étend à l'ensemble des côtes turques ; celles de Syrie sont contrôlées par la marine française, qui occupe l'île de Rouad.

Pour compléter l'isolement de la Turquie, assurer la sécurité de leur commerce à Bassora et leurs exploitations pétrolières à Abadan, les Britanniques débarquent, en octobre-novembre 1914, la 6e division indienne dans le golfe Persique et occupent le delta du Chatt el-Arab. L'armée turque, massée en partie contre les Russes sur la frontière du Caucase, doit faire appel à des volontaires arabes pour renforcer ses garnisons orientales, tandis que deux corps d'armée de Syrie sont dirigés sur Bagdad.

La rivalité et la solidarité franco-britanniques

Une sourde rivalité oppose la France à la Grande-Bretagne au Moyen-Orient. La France y a d'importants intérêts économiques et craint de se voir supplanter par l'Angleterre. Cette rivalité fait même échouer un projet de débarquement sur Alexandrette, important nœud ferroviaire permettant aux Turcs de se rendre aussi bien en Mésopotamie qu'en Arabie. Cependant, la solidarité franco-britannique s'avère sans faille dans la défense de l'Égypte. En février 1915, l'offensive turque contre le canal de Suez, partie de Palestine, tourne court. Des hydravions français repèrent les préparatifs de l'ennemi, permettant ainsi la mise en place d'une solide défense. Sept navires britanniques et deux croiseurs-cuirassés français prennent position le long du canal de Suez. Les puissants canons des deux bâtiments français (Le Requin et le d'Entrecastaux) pilonnent les troupes turques passées à l'assaut, également malmenées par les hydravions français et l'artillerie anglaise. Les troupes coloniales britanniques n'ont plus qu'à finir le travail. Le 4 février 1915, les 12 000 soldats turcs engagés dans cette opération, déplorant 3000 hommes hors de combat, doivent se replier, alors que les Britanniques ne comptent qu'une trentaine de tués.

Par la suite, les défenses du canal de Suez sont portées à 200 000 hommes. Les Alliés installent de l'artillerie lourde, creusent des tranchées, tendent des barbelés. La zone devient désormais imprenable. Mais c'est vers les Dardanelles que le commandement britannique tourne maintenant son regard.

Le plan allié aux Dardanelles

Depuis novembre 1914, Churchill envisage une opération navale de grande envergure aux Dardanelles, afin d'abattre l'empire ottoman, rétablir la liaison maritime avec les Russes et assurer de manière définitive la sécurité de Suez. Il s'agit également de s'emparer de Constantinople et de couler les croiseurs Goeben et Breslau.

Churchill n'est pas le seul à entrevoir le conflit dans sa globalité. Les généraux français de Castelnau, Sarrail, Gallieni et Franchet d'Esperey envisagent de passer de la défensive sur le front occidental à l'offensive en Orient, point faible des empires centraux. Minée par des dissensions intérieures, l'Autriche-Hongrie ne résisterait pas à une défaite dans les Balkans et à la mise hors de combat de l'allié turque.

Le plan britannique de forcer le détroit des Dardanelles présente de gros risques. Long d'une soixantaine de kilomètres, ce détroit est défendu par de puissants forts turcs à son entrée. Les navires alliés doivent ensuite progresser sous le feu des batteries côtières ottomanes avant de parvenir à un redoutable goulet d'étranglement : les passes de Tchanak, où moins de deux kilomètres séparent l'Europe de l'Asie. Il faut aussi compter sur les mines sous-marines mouillant en abondance. Les experts de l'amirauté britannique, ainsi que leurs homologues français, sont sceptiques sur les chances de succès. Ils estiment que si les cuirassés parviennent à franchir le détroit, les navires de ravitaillement ne pourront pas suivre sans être détruits par l'artillerie turque postée sur les hauteurs. L'unique parade consisterait à débarquer sur les rives des Dardanelles d'importantes troupes, afin de conquérir les puissantes défenses côtières et autres batteries de campagne, avant même l'opération navale proprement dite. Mais ici surgit une difficulté de taille : le général Joffre et son homologue britannique le général French refusent catégoriquement d'envoyer des troupes en Orient. Ils restent persuadés qu'une percée du front occidental est possible. D'après eux, il est parfaitement inutile de disperser les divisions. L'effort doit se concentrer en France.

Le projet de forcement du détroit des Dardanelles semble donc bien compromis lorsque survient un événement militaire nouveau. Le 2 janvier 1915, l'armée russe, bousculée dans le Caucase par une puissante offensive turque, demande aux Alliés occidentaux de lancer au plus vite une opération de diversion. Churchill en profite aussitôt pour relancer son plan. Il finit par emporter la décision.

La tentative navale de forcement du détroit des Dardanelles

Fin janvier 1915, une imposante force navale se rassemble autour de la belle rade de Moudros, dans l'île de Lemnos, avec la complaisance du gouvernement de la Grèce. La flotte britannique engagée pour cette opération comprend le plus récent des dreadnoughts de la Royal Navy, à savoir le Queen Elizabeth, le croiseur de bataille l'Inflexible et 16 autres cuirassés, dont le Lord Nelson, l'Agamemnon, l'Irrésistible et le Cornwallis, auxquels s'ajoutent 4 cuirassés français de la division navale Guépratte, le Suffren, le Gaulois, le Bouvet et le

Charlemagne. À ces puissants bâtiments sont adjoints 5 croiseurs légers, 22 torpilleurs (dont 6 français) et 9 sous-marins (dont 4 français). La Russie est présente avec le croiseur Askold.

Plusieurs fois retardé, le bombardement à grande distance, de 8 à 12 kilomètres, des forts turcs de Koum-Kalé et de Sedd ul-Bahr débute le 19 février 1915. Douze cuirassés poursuivent l'action les 25 et 26 février, tandis qu'au même moment un corps expéditionnaire de 80 000 soldats se constitue, aux ordres du général anglais sir Ian Hamilton, avec 4 divisions britanniques et la division française du général d'Amade.

Le transport de cette importante troupe s'organise début mars 1915, tandis que se poursuivent d'interminables discussions sur les conditions de son emploi. La Grèce offre l'appui d'une division que décline la Russie, peu favorable à la présence hellénique à Constantinople. Ce refus provoque à Athènes un regain de sympathie en faveur de l'Allemagne. Cependant, Churchill exige que les bombardements de la flotte alliée se poursuivent, sans attendre l'arrivée du corps expéditionnaire. L'amiral Carden, malade, est remplacé par l'amiral de Robeck qui décide, sous les ordres renouvelés de Churchill, de forcer le détroit et de pilonner les positions turques à courte distance.

Le 18 mars 1915, à 11 heures, la flotte alliée, en ligne de combat, pénètre dans le détroit des Dardanelles et engage le combat, qui prend la forme d'un terrifiant duel d'artillerie à courte distance. L'amiral français Guépratte obtient de son homologue britannique, l'amiral de Robeck, l'honneur de figurer en première ligne avec ses quatre cuirassés. Il réunit la musique de la flotte sur le pont de son navire-amiral, le Suffren, et c'est aux accents de la Marseillaise qu'il attaque l'ennemi, suivi par les bâtiments de la Royal Navy. Les forts ottomans des Falaises blanches, de Medjidieh, de Chanak et de Hamidie sont durement touchés. Les obus de gros calibres pulvérisent les remparts et les casemates. Cependant, les artilleurs turcs luttent avec un courage extraordinaire en ripostant violemment. Sur 18 bâtiments de ligne engagés, 3, dont le Bouvet, sont coulés par des mines dérivantes, 3 autres, l'Inflexible, le Gaulois et le Suffren, sont gravement endommagés.

Vers 13 heures 30, l'amiral de Robeck ordonne à son homologue français, l'amiral Guépratte, le ralliement de la division navale tricolore, si durement malmenée qu'elle doit être relevée par des cuirassés britanniques. Le cuirassé Le Bouvet, qui, avec le Suffren, a été engagé durant deux heures contre les forts ottomans, vient juste de faire demi-tour lorsqu'il heurte une mine dérivante qui explose sous sa tourelle centrale. En seulement cinquante secondes, le puissant cuirassé français s'incline brusquement sur tribord, chavire et disparaît avec 600 marins et 20 officiers, dont son commandant, le capitaine de vaisseau Rageot de La Touche. Seulement 45 hommes peuvent échapper à la mort.

Les Alliés donnent en plein dans un champs de mines : le cuirassé Océan saute à son tour, le croiseur de bataille Inflexible est dévasté par une troisième mine mais flotte encore. Le cuirassé Irrésistible est coulé par les artilleurs turcs. Le Gaulois s'en sort mieux : ravagé par les obus ottomans, il parvient cependant à quitter le détroit.

Les artilleurs turcs disposent d'obusiers mobiles qui peuvent bombarder les navires alliés tout en restant cachés derrière les collines. Les canons de marine de la flotte alliée, opérant à tir tendu sur les forts visibles, sont impuissants contre les batteries mobiles. L'amiral de Robeck rêve pourtant d'en découvre. Quant à Guépratte, il ne fait pas mystère de son intention de « charger les forts turcs comme un vrai sous-lieutenant de cavalerie » !

À 17 heures, devant l'importance des pertes et la puissance de l'artillerie adverse, l'amiral de Robeck ordonne à la flotte alliée de se retirer, alors que 10 bâtiments de ligne sont encore disponible et que, faute de munitions, les canons turcs sont sur le point de se taire. Les fortifications ottomanes sont très endommagées, les pertes humaines importantes. Les munitions commencent à manquer. Si les Alliés renouvellent leur tentative, ils réussiront à passer : c'est du moins l'avis du commandement turc qui envisage même de faire évacuer Istanbul. Mais Robeck ignore tout de l'épuisement de son adversaire. Que ce serait-il passé si, au risque de pertes supplémentaires, la voie du Bosphore avait été ouverte ? On peut estimer que l'apparition des navires alliés devant Constantinople aurait aussitôt amené la Turquie à mettre fin à la guerre aux côtés des puissances centrales (Allemagne et Autriche-Hongrie).

On sait aujourd'hui que l'amiral Guépratte ne voulait pas envoyer le cuirassé Bouvet à l'assaut des Dardanelles, car il savait que ce bâtiment, trop ancien, ne pourrait pas résister à l'artillerie turque. Mais le capitaine de vaisseau Rageot de La Touche, son commandant, était tellement dépité de ne pas prendre part à l'opération qu'il en pleura. Ses sanglots firent revenir Guépratte sur sa décision. Folie tragique qui coûtera la vie à 620 marins et officiers.

Sur 16 cuirassés disponibles, Robeck en a perdu 6 (3 coulés, 3 endommagés). Il décide donc de ne plus rien tenter avant l'arrivée des forces terrestres. Celles-ci n'arrivent qu'au bout de cinq semaines, ce qui laisse amplement le temps aux Turcs de renforcer et de réorganiser leurs positions défensives. L'Allemagne, consciente de l'importance stratégique du détroit des Dardanelles, ne ménage pas son soutien à la Turquie, car comme le dit l'amiral von Tirpitz : « Si les Dardanelles devaient tomber, c'est la guerre mondiale que nous perdrions. » Ainsi la défense de cette position clef est confiée au général allemand Liman von Sanders, conseiller militaire du gouvernement turc, qui installe dans la presqu'île de Gallipoli, du côté européen du détroit, 4 divisions équipées d'une artillerie moderne, tandis que 2 autres divisions se positionnent sur la rive orientale. De nouveaux champs de mines sont mouillés à la hâte.

Le débarquement des troupes alliées

Un conseil de guerre franco-britannique tenu le 22 mars 1915, à bord du bâtiment Queen Elisabeth, décide d'entreprendre le débarquement des troupes. Mais on se rend compte bien tardivement que les unités qui affluent à Lemnos ne peuvent être engagées immédiatement. Leur matériel se trouve reparti à tort et à travers sur des bâtiments de transport, qu'il faut finalement ramener à Alexandrie, où ils sont rechargés dans un ordre plus rationnel. La flotte alliée est renforcée de 5 cuirassés anglais et de 2 cuirassés français (Henri-IV et Jauréguiberry). Un mois est ainsi perdu, permettant ainsi aux Turcs de se renforcer.

L'expédition alliée engage 200 navires, en comptant les bâtiments de ravitaillement et les chalands de débarquement, qui doivent jeter à terre, dès la première vague d'assaut 30 000 soldats, tandis que 45 000 autres restent en réserve pour approvisionner la bataille. Le débarquement principal de troupes anglaises est prévu au cap Helles en vue de se saisir du fort de Kritia, pendant que le corps expéditionnaire néo-zélandais et australien, jeté sur la côte ouest au nord de Gaba Tépé, doit traverser la presqu'île en direction de Maltépé sur la côte est. Ces deux opérations simultanées seront conjuguées avec une attaque de diversion à Koum-Kalé sur la côte d'Asie, confiée à 2800 soldats français (marsouins, tirailleurs sénégalais, artilleurs et sapeurs). Les défenses ottomanes une fois conquises jusqu'à l'étranglement de Chanak, la flotte alliée foncera sur Constantinople. Face aux Alliés, le général allemand Liman von Sanders, commandant de la 5e armée turque, dispose, sur la rive européenne, de 5 divisions (13e corps d'armée d'Essad Pacha) et, sur la rive asiatique, de 2 divisions (15e corps d'armée du colonel Weber) ; en réserve générale, 2 divisions turques sont stationnées à Gallipoli et à Maïtos.

Succès français à Koum-Kalé

Le matin du 25 avril 1915, les embarcations transportant le 6e régiment mixte colonial (un bataillon de marsouins, 2 bataillons de tirailleurs sénégalais, une batterie du 8e régiment d'artillerie coloniale), unité aguerrie qui s'est battue avec fougue sur l'Yser, luttent durant quatre heures contre le courant pour atteindre la côte d'Asie en zigzaguant sous les tirs des soldats turcs, heureusement contrebattus par ceux des navires français. À 10 heures 15, deux compagnies se jettent à l'eau, bientôt suivies du gros des bataillons qui s'emparent du fort de Koum-Kalé. Les troupes françaises progressent ensuite péniblement vers le sud, gênées par la résistance acharnée des Turcs, retranchés dans un cimetière. Cette opération de diversion est un succès complet, permettant de fixer deux divisions ottomanes, qui ne rejoindront Gallipoli que le 29 avril. Le 26, le général d'Amade donne l'ordre à ses preux de rembarquer, opération qui s'effectue la nuit suivante, sans grande difficulté. Les Français, qui ont 20 officiers et 758 soldats hors de combat, ramènent 500 prisonniers turcs, tandis que 1500 autres soldats turcs ont été tués ou blessés.

On regretta ensuite de n'avoir pas poussé l'avantage dans ce secteur, car les forces ottomanes y installeront de l'artillerie qui causera de lourdes pertes aux troupes alliées de Gallipoli.

Demi-succès ailleurs

Du côté des Britanniques, le débarquement du 25 avril 1915 dans la péninsule de Gallipoli connaît un succès limité. Des dizaines de chalands, groupés par quatre ou cinq à la remorque de vapeurs, peinent à progresser contre le courant, dans le secteur du cap Helles. Leur manque de blindage et leur lenteur ont font des cibles idéales pour les canons ottomans. Ils ne peuvent atteindre les plages, défendues par des pieux, des barbelés et des nids de mitrailleuses. Les braves soldats britanniques, lourdement chargés, quittent les embarcations et pataugent sur plusieurs dizaines de mètres sous les tirs efficaces de l'ennemi. Les soldats néo-zélandais et australiens sont déviés de leur trajectoire et débarquent plus au nord que prévu, à Gaba Tépé. Ils doivent traverser un labyrinthe de vallées arides et de crêtes déchiquetées. Ils parviennent à progresser à l'intérieur des terres et à atteindre un sommet lorsqu'ils sont durement contre-attaqués par d'intrépides soldats turcs, conduits par le jeune colonel Mustafa Kemal.

Dès le 27 avril 1915, la progression alliée est enrayée par la résistance acharnée ottomane. La guerre de position, avec ses tranchées, prend ses droits sur des têtes de pont qui ne dépassent pas 6 à 7 kilomètres de profondeur. L'appui-feu naval s'avère impuissant pour déloger les Turcs, bien abrités dans les replis d'un terrain très escarpé. L'envoi de renforts s'avère nécessaire, mais le général Joffre se montre toujours aussi réticent, car persuadé d'emporter la décision sur le front occidental.

L'enlisement du front

Devant l'impossibilité des troupes alliées de progresser plus à l'intérieur des terres, l'amiral anglais de Robeck et son homologue français Guépratte prônent une nouvelle tentative de forcement du détroit par voie maritime, arguant qu'ils ont reçu des dragueurs de mines plus modernes. Or, le 9 mai 1915, l'amirauté française relève Guépratte, considéré comme « un casse-cou et un illuminé dangereux ».

L'approvisionnement de cette expédition devient un autre motif de préoccupation pour les Alliés. Une navette ininterrompue de navires de tous tonnages se déroule devant les plages de Gallipoli, qui offrent le spectacle d'un fouillis inextricable de barques, de radeaux et de palans de déchargement. Les caisses de matériel et de vivres, ainsi que les tonneaux d'eau potable gênent les mouvements. On extrait avec peine des cargos, au moyen de grues plus ou moins improvisées, les canons et leurs chevaux. Cette cohue encourage les marins allemands et turcs à passer à l'action. Le 12 mai 1915, le cuirassé britannique Goliath est coulé par un torpilleur turc. Ce drame cause la chute de Churchill. Cette série noire ne fait que commencer. Le 25 mai, le sous-marin allemand U-21 du commandant Hersing torpille le bâtiment de guerre anglais Triumph. Le lendemain, c'est au tour du Majestic d'être coulé par le même submersible. Les Alliés sont alors contraints de renvoyer leurs puissants navires à Lemnos, afin de les protéger des attaques allemandes, derrières des filets anti-sous-marins. Ces tragiques événements démoralisent les troupes à terre, qui se sentent abandonnées par la marine.

Les combats se poursuivent cependant dans une chaleur caniculaire. Le 28 juin 1915, puis le 12 juillet, de nouvelles offensives sont lancées depuis le sud. Malgré l'accroissement continu des effectifs, les Alliés ne parviennent pas à enfoncer les positions ottomanes. Le brave général français Gouraud, commandant des troupes françaises, perd un bras dans la bataille. À l'Ouest, les Australiens et les Néo-zélandais piétinent sur les contreforts du Sari Baïr, dans un incroyable paysage de couleur ocre, dont chaque rocher abrite un soldat turc.

La baie de Sulva et Lone Pine

Devant l'enlisement du front des Dardanelles, le commandement allié décide de reprendre l'offensive. On décide finalement d'envoyer des renforts. Les opérations sont cependant toujours handicapées par la taille limitée de la tête de pont, sans cesse soumise au feu infernal de l'artillerie ottomane. Par conséquent, les nouvelles troupes doivent débarquer plus au nord, dans la baie de Sulva et progresser au-delà, de manière à prendre à revers les forces turques du sud.

Du 6 au 7 août 1915, 20 000 soldats britanniques débarquent à Sulva, face à une force limitée d'à peine 1000 soldats turcs, cependant habilement retranchés. Malheureusement, le commandement anglais n'a pas tiré les leçons de la série d'erreur tactique ayant marqué les débarquements d'avril : mauvaise coordination de l'infanterie avec l'artillerie, informations disparates sur les axes des attaques auprès des officiers, assauts non poussés à fond avec les réserves. Cependant, la Royal Navy dispose cette fois-ci de moyen adéquat, avec l'engagement de chalands blindés qui diminuent sensiblement les pertes lors du débarquement.

Les attaques mal coordonnées avec l'artillerie ne permettent pas d'enfoncer les défenses turques, sauf à certains endroits conquis mais qui ne sont pas exploités en profondeur, si bien que les renforts turcs peuvent colmater les brèches. Ainsi, malgré l'écrasante supériorité numérique des assaillants au début de cette opération, c'est un échec sanglant. De vaines tentatives se succèdent jusqu'au 21 août 1915. Handicapées de nouveau par de mauvaises préparations d'artillerie, les attaques frontales menées contre les collines escarpées ont peu de chance de réussir.

Plus au sud du front de Gallipoli, le combat de Lons Pine illustre parfaitement l'héroïsme des soldats australiens. Conçu comme une attaque de diversion dans un secteur calme du front, cet affrontement se développe finalement en un féroce combat rapprochée au terme duquel sept Australiens reçoivent la Victoria Cross.

« Le brigadier général Harold Walker, commandant de la 1ère brigade australienne, écrit R.G. Grant, était peu enclin à lancer un assaut contre les tranchées turques pour servir de diversion aux débarquements de la baie de Sulva, mais ses soldats brûlaient de combattre. De grands efforts furent entrepris pour permettre aux Australiens de franchir les 100 mètres qui les séparaient du front turc : un bombardement détruisit les barbelés turcs, des tunnels furent creusés dans un no man's land pour établir un point de départ avancé et des mines posées entre les lignes pour « casser » le sol et permettre aux hommes de se mettre à couvert. »[9]

Le 6 août 1915, des coups de sifflet annoncent le début de l'assaut. Les fantassins australiens parviennent à atteindre la première tranchée adverse avec peu de pertes, mais se retrouvent devant un toit fait de poutres et de terre, couvrant ainsi les défenses. Certains tentent de percer cette protection inattendue, tandis que d'autres sautent dans les tranchées adjacentes non couvertes. À la nuit tombée, les braves soldats australiens occupent une partie du système défensif de la première ligne, mais doivent très vite affronter des contre-attaques menées avec une grande détermination. Une lutte féroce s'engage dans le labyrinthe

---

[9] Franck Ferrand, Laurent Villate, R.G. Grant, *Les 1001 batailles qui ont changé le cours de l'Histoire*, éditions Flammarion 2012.

des tranchées, avec des grenades comme arme principale, parfois jetées puis relancées à trois reprises pour exploser. L'évacuation des blessés s'avère impossible, si bien qu'un grand nombre d'entre eux meurent sur place. Le 10 août, les Australiens sont maîtres de la première ligne des tranchées, mais leur succès n'a aucun impact significatif sur la suite des opération, du fait de l'enlisement du reste du front. Le combat de Lone Pine, du 6 au 10 août, cause la mise hors de combat de 2273 soldats australiens (tués ou blessés) et de 6390 soldats turcs.

Les Pieds-Noirs aux Dardanelles

Recrutés en Algérie et en Tunisie parmi les exploitants agricoles ou miniers, les artisans ou les petits fonctionnaires, ou encore le dépôt du 1er régiment étranger de Bel-Abbès, 5 bataillons de zouaves et un bataillon de la Légion payent un lourd tribut à la bataille des Dardanelles. Reconnaissable de loin à la chéchia rouge ou au képi blanc, chaque unité offre la marque spécifique des véritables Pieds-Noirs, avec leur langage fleuri d'expressions espagnoles, maltaises ou arabes, leur ingéniosité dans la vie de bivouac, leur immense courage au combat. Il en résulte dans ces deux régiments de marche d'Afrique de l'armée françaises un esprit de corps très particulier, marqué par une discipline stricte. Les combats qu'ils mènent au Quadrilatère, à la Redoute Boucher ou dans le ravin de Kereves-Dere s'ajoutent au glorieux palmarès de la vaillante armée française d'Afrique. On y retrouve la même pugnacité que celles des Australiens à Lone Pine.

Cependant, malgré les exploits locaux et tactiques de certaines troupes alliées, la bataille des Dardanelles se révèle bien stérile. Les 150 000 soldats alliées engagés, dont 30 000 Français, doivent faire face à 17 divisions turques (272 000 hommes). Un nouveau danger se lève dans les Balkans, avec l'entrée en guerre des Bulgares aux côtés des Allemands et des Austro-Hongrois en octobre 1915. À l'appel de la Serbie aux abois, une division française quitte le front des Dardanelles durant la même période, rendant ainsi encore plus précaire la situation des Alliés face aux Turcs.

Le rembarquement des troupes alliées

Malgré quelques succès locaux, la campagne des Dardanelles se révèle stérile pour les Alliés, où en octobre 1915, les soldats français et britanniques ne peuvent enfoncer les solides positions turques, couvrant les hauteurs. L'évacuation des troupes alliées est finalement décidée le 8 décembre 1915 et s'achève, notamment avec le concours de la flotte française, le 10 janvier 1916. À la suite d'une remarquable préparation, 145 000 hommes, 15 000 chevaux, 500 canons et un important matériel sont embarqués sans réaction notable de l'adversaire. De l'avis général, c'est le seul acte réussi de la tragédie des Dardanelles.

Au final, la bataille des Dardanelles (mars 1915 à janvier 1916) aura causé la mise hors de combat de 50 000 soldats français (tués ou blessés), de 200 000 soldats britanniques (Australiens et Néo-zélandais compris) et de 260 000 soldats ottomans, dont 30 000 Bosniaques. Le reste des armées alliés est débarqué à Salonique, afin de renforcer le front des Balkans.

IV

LA BATAILLE DE CHAMPAGNE
SEPTEMBRE-OCTOBRE 1915

Le 23 août 1915, le général Joffre, commandant en chef des armées françaises, affirme dans une lettre, adressée à son gouvernement, que « la rupture du front ennemi est possible et peut être exploitée, à conditions que les attaques soient suffisamment soutenues par une puissante artillerie lourde ».[10] Ayant visiblement tiré les leçons des assauts suicidaires de l'été 1914, Joffre entreprend d'enfoncer le front en Champagne, en y engagent certaines de ses meilleurs divisions, appuyées par un feu roulant et dévastateur de canons de divers calibres.

---

[10] *Archives militaires allemandes*, Fribourg-en-Brisgau.

La montée en puissance de l'artillerie lourde

En 1915, avec 100 divisions, l'armée française tient la quasi totalité du front occidental, 880 kilomètres contre 70 kilomètres pour les 21 divisions britanniques et les 6 divisions belges, soit un total de 127 divisions alliées. Les offensives françaises de 1915 permettent de fixer 105 divisions allemandes sur le front occidental, soulageant considérablement le front russe et celui des Balkans où sont engagés 55 divisions allemandes. De janvier à octobre 1915, les divisions allemandes, présentes sur le front français, passent de 88 à 105 divisions, alors que sur le front russe elles baissent de 66 à 44 divisions. Ainsi, la supériorité numérique des forces alliées, 127 divisions contre 105 divisions allemandes, est loin d'être écrasante. Ce faible avantage des Alliés occidentaux en divisions est compensée, côté allemand, par une écrasante supériorité en artillerie lourde, arme de décision par excellence : 2200 canons lourds français, 300 canons lourds britanniques ou belges, contre 4500 pièces lourdes allemandes en 1915.

Pour répondre au tir des canons lourds allemands, la compagnie française Saint-Chamond commence à monter sur rails, dès novembre 1914, des pièces de marine modèle 1896, 1906 et 1910, de 194 mm, de 240 mm et de 274 mm, puis de 305 mm et 320 mm. Vient ensuite le 340 mm modèle 1906, en tout point remarquable et qui porte à plus de 30 kilomètres. Afin également de pallier à l'insuffisance numérique des 104 canons de 155 mm Rimailho, des 90 mm et 95 mm, déjà considérés comme démodés avant 1914, l'artillerie française doit utiliser toutes les vieilles pièces de siège et de place : les 120 mm, les 220 mm et les 270 mm. Des pièces de côte et de bord de la marine sont également conduites sur le front, notamment les canons de 145 mm, montés sur affût mobile Saint-Chamond. La véritable riposte française aux modernes canons lourds allemands ne viendra qu'en 1917, avec la mise en service des 105 mm Schneider et des 155 mm Filloux, capables de lutter à armes égales contre les terribles 150 mm allemands. Ainsi de 1914 à 1916, l'armée française combat avec une artillerie lourde numériquement et qualitativement inférieure à sa rivale allemande.

La spectaculaire transformation du soldat français

Parti à la guerre avec un uniforme coloré, hérité des guerres napoléoniennes (pantalon garance, képi, capote bleu foncé), le fantassin français connaît une spectaculaire transformation en 1915 avec l'adoption d'un uniforme bleu horizon (gris bleuté) et du premier casque d'acier de combat au monde, le modèle Adrian. En effet le nombre total des tués et blessés à la tête monte de 80% lors des premiers mois de la guerre et tombe à 20% après l'adoption du casque Adrian modèle 1915 : ce casque sauve des millions de vies !

L'intendant Adrian établit un modèle susceptible d'être fabriqué industriellement, reconnaissable à son cimier amortisseur, sa bombe, sa visière et son couvre nuque, sans oublier sa coiffe intérieure en cuir et l'insigne extérieur du devant, différent en fonction des unités : grenade pour l'infanterie et la cavalerie, grenade et deux canons croisés pour l'artillerie, cor de chasse pour les chasseurs, ancre pour l'infanterie coloniale, cuirasse et pot de tête pour le génie, croissant pour l'armée d'Afrique...

En septembre 1915, la production journalière est de 52 000 casques et 1 600 000 ont déjà été distribués lors de l'offensive de Champagne. Grâce à son efficacité protectrice, le casque Adrian est l'objet d'une importante commande de la part de l'Italie, de la Belgique, de la Serbie, de la Roumanie, de la Russie et d'autres pays : plus de 22 millions de casques de ce type seront fabriqués dans le monde.

Nouvelle tactique française de l'offensive

Les douloureux enseignements des offensives de 1914 ont fini par faire admettre, au sein du haut commandement français, que l'infanterie ne peut à elle seule conquérir un terrain défendu par un adversaire bien retranché. L'artillerie française qui, en 1914, est loin de répondre aux besoins est améliorée non seulement en puissance, comme nous l'avons développé précédemment, mais également tactiquement par une coopération étroite avec l'infanterie dans les assauts, par des tirs préparatoires dont on a enfin compris l'absolue nécessité.

La compagnie d'infanterie bénéficie d'un soutien plus important en mitrailleuses, fusils lances grenades et artillerie de tranchée. Divisée en sections, la compagnie d'infanterie se lance à l'assaut, mitrailleurs et grenadiers en tête, marchant ou courant à distance les uns des autres pour diminuer leur vulnérabilité. Les voltigeurs les suivent au deuxième rang, puis viennent les « nettoyeurs » chargés de fouiller les tranchées, dépassées par les sections d'assaut, et de neutraliser les survivants. En masse compacte, les sections de renfort s'assurent le terrain conquis. La cavalerie à cheval, entraînée à sauter les tranchées et les lignes des barbelés, doit ensuite exploiter la percée en terrain libre, rendue possible par la conquête des tranchées ennemies par l'infanterie, l'artillerie ayant au préalable, avant l'attaque même des fantassins, détruit en parti les défenses adversaires et soutenu les assauts par un feu roulant, adaptée à la progression de la troupe.

La bataille de Champagne inaugure cette nouvelle tactique offensive de l'armée française.

Les forces en présence en Champagne

Persuadé de pouvoir enfoncer les positions allemandes en Champagne, le général Joffre engage 35 divisions françaises, aux ordres du général de Castelnau, et réparties entre la 4e armée du général de Langle de Cary et la 2e armée du général Pétain. L'ensemble de cette force imposante est appuyée par 1100 pièces lourdes d'artillerie, positionnées sur un front d'attaque de 25 kilomètres, entre Suippe et l'Aisne supérieure. De son côté, l'adversaire allemand, à savoir la 3e armée du général von Einem, aligne moitié moins de divisions et d'artillerie, mais bénéficie d'un système défensif puissant, établi en profondeur, avec un échelonnement de tranchées souvent bétonnées, d'abris souterrains capables de résister aux obus de gros calibres, de nombreuses lignés de barbelés, de nids de mitrailleuses. Il peut également compter sur d'éventuels renforts, provenant de la 5e armée allemand du Kronprinz. De plus, la région assez vallonnée par endroits s'apprête parfaitement à la défensive.

Ainsi le système défensif allemand se compose d'un front de tranchées continu, qu'on appelle les tranchées de première ligne. En réalité cette ligne comprend elle-même deux ou trois tranchées en profondeur, à 150 ou 200 mètres l'une de l'autre, reliées par des boyaux : le tout protégé par des réseaux de barbelés. Dans ce front continu alternent des parties faibles et des parties fortes, dites centre de résistance. Ce sont des labyrinthes de tranchées et d'abris, qui mesurent parfois plus d'un kilomètre de front. Ces centres de résistance sont en général distants les uns des autres de 1800 mètres environ et flanquent les intervalles qu'ils laissent entre eux. Tout ce système communique avec l'arrière par des boyaux. Dans la fortification allemande les boyaux sont entourés à gauche et à droite de barbelés et munis de poste de tir. Ils peuvent donc être transformés instantanément en tranchées, qui forment un second réseau perpendiculaire sur le premier, permettant ainsi de prendre l'assaillant sous des tirs de flancs en cas de percée.

Une seconde position est creusée 3 à 10 kilomètres en arrière et prend le nom de position de réserve. Elle jalonne une ligne de crêtes et de buttes allant de la ferme de Navarin, par la butte de Tahure, jusqu'aux hauteurs au Nord de la Dormoise. Sa particularité est d'être établie à contre-pente, c'est-à-dire invisible aux observateurs français et invulnérable à l'artillerie française. Des tunnels, creusés dans la craie tendre de Champagne, servent de voies d'accès vers les positions avancées. Les centres allemands de résistance sont de véritables forteresses indépendantes, hérissées de canons et de mitrailleuses aux tirs croisés.

La préparation d'artillerie

Le 21 septembre 1915, un déserteur français annonce que l'attaque est pour le lendemain. Il parle de masses de cavalerie et d'artillerie lourde en nombre inouï. Le 22, à 7 heures du matin, la préparation française d'artillerie débute, d'abord ciblée, puis sur tout le front entre les hauteurs de Moronvilliers et de l'Argonne. Les obus tombe d'abord moins sur les premières lignes allemandes que sur les points importants situés en arrière. Les postes de commandement d'artillerie sont bombardés sans exception, et quelque-uns mis hors de service. Les centraux téléphoniques situés dans leur voisinage sont pareillement atteints. Les localités, les chemins subissent des tirs d'une violence inconnue jusque là. Les gares de Bazancourt et de Challerange sont bombardées par des obus de gros calibre. Les gares intermédiaires ne sont pas épargnées. Chassés des villages, les Allemands s'installent dans des camps de fortune. La préparation d'artillerie se poursuit la nuit.

La journée du 23 septembre est aussi terrible. Les tranchées écrasées ne sont plus que des trous informes. Le feu roulant se poursuit le 24. La craie martelée montre partout ses blessures blanches. Des nuages de poussière et de terre, mêlés d'éclats de bois et de débris de roche, tourbillonnent sur tout le champs de bataille. Les entrées des abris sont obstruées et des hommes enterrés vifs. Les guetteurs à leur poste continuent à surveiller l'apparition attendue de l'infanterie française. Cette attente de l'assaut à subir est un des plus intolérables supplices. Parfois, le feu de l'artillerie française cesse. Les fantassins allemands, croyant le moment venu, sortent des abris et se jettent dans les tranchées. Aussitôt un nouvel ouragan d'obus s'abat sur eux. Tandis que les batteries de campagne nivellent les tranchées de première ligne, les pièces de longue portée bombardent les voies ferrées, les cantonnements, les quartiers généraux.

Un soldat allemand écrit le 24 septembre 1915 : « Depuis deux jours, les Français tirent comme des furieux. Aujourd'hui, par exemple, un abri a été défoncé. Il y avait

16 hommes, tous sont morts. En dehors de cela, il y a beaucoup de morts isolés et une grande quantité de blessés. L'artillerie française tire à une vitesse incroyable, aussi vite que des mitrailleuses. Un nuage de fumée couvre toute le front de bataille, de telle sorte qu'on ne voit rien. Les hommes tombent comme des mouches. Les tranchées ne sont plus qu'un monceaux de débris. Les Français ont tellement tirés qu'on ne peut plus voir nos tranchées. Les gros mortiers français épouvantent nos soldats. Des abris à cinq mètres sous terre ont été écrasés avec ceux qui s'y trouvaient. »(1)

Les débuts prometteurs de l'offensive française

Le déclenchement de l'attaque de l'infanterie est accompagnée, au matin du 25 septembre 1915, par une pluie diluvienne, qui, à de rares éclaircies près, ne cesse plus jusqu'au 29. C'est donc dans des conditions climatiques difficiles que la bataille débute. Cependant, la préparation d'artillerie, qui a bénéficié d'un beau temps du 22 au 24 septembre, se révèle très efficace sur la première position allemande. Si bien que celle-ci est enlevée d'un seul élan presque partout par les vagues d'assaut, qui ne laissent subsister que deux poches de résistance, au nord-ouest et au nord-est de Souain.

En effet, les résultats de la première journée sont particulièrement brillants pour les troupes françaises, pleines de fougue. À l'est, le 1er corps d'armée colonial du général de Berdoulat (2e et 3e divisions d'infanterie coloniale, 151e division d'infanterie) coiffe la célèbre Main de Massiges, dont le point culminant, le mont Têtu (202 mètres), sera conquis le lendemain. Au centre, le 20e corps d'armée du général Balfourier (11e et 39e divisions d'infanterie) s'empare de Maisons-en-Champagne, le 11e corps d'armée du général Baumgarten (21e et 22e divisions d'infanterie) pousse jusqu'aux abords de Tahure, et le 14e corps d'armée du général Baret (27e et 28e divisions d'infanterie) déborde habilement le Trou Bricot et s'installe sur la cote 193. À l'ouest, le 2e corps d'armée coloniale du général Blondat (10e et 15e divisions d'infanterie coloniale, 1ère division marocaine) nettoie le Trou Bricot, prend la ferme Navarin et atteint la butte de Souain. À sa gauche, le 7e corps d'armée du général de Villaret (14e et 37e divisions d'infanterie) et le 32e corps d'armée du général Berthelot (40e et 42e divisions d'infanterie) s'emparent de la longue épine de Védegrange.

Le butte du Mesnil reste inviolée, tandis que le bois Sabot ne peut être conquis que dans la soirée, grâce à l'effort conjugué du 4e régiment de tirailleurs tunisiens du colonel Daugan et des braves Bretons des 247e et 248e régiments d'infanterie.

Lors des combats du Trou Bricot, Edouard Charlet se distingue particulièrement. Zouave et méhariste, son épopée africaine avant 1914 le fait nommer par le général Lyautey « le Grand seigneur du désert ». Il commande en 1914 le 3e bataillon du 3e régiment de zouaves. Blessé à Charleroi, puis en Artois, il tombe héroïquement le 25 septembre 1915 en enlevant d'assaut le Trou Bricot, après avoir été, souligne sa citation, « l'âme sublime du 3e zouaves ».

La Légion étrangère est de la partie lors de cette bataille. Rassemblés au camp de Mailly, volontaires étrangers et anciens de la Légion forment en 1914 quatre régiments de marche. Le 4e, commandé par Giuseppe Garibaldi, est à cent pour cent Italiens ; le 2e, du colonel Cot, où servent les volontaires Tchèques, s'illustre, en mai 1915, avec la division marocaine, à Givenchy et au Cabaret-Rouge ; au nord de Souain, le 25 septembre, l'ouvrage de Wagram est enlevé au son du Boudin, célèbre marche et chant de la Légion. Les pertes sont telles que les unités légionnaires sont rassemblées en une seule unité, le régiment de marche de la Légion étrangère.

Devant la ferme Navarin, une mitrailleuse française prend d'enfilade une tranchée, où une section allemande est littéralement fauchée. Tous les soldats sont tués en quelques secondes seulement.

Au 20e corps d'armée, près de la butte du Mesnil, tout un bataillon français est bloqué par deux mitrailleuses allemandes, le 25 septembre 1915. Les vagues d'assaut s'agglomèrent dans la parallèle de départ lorsque les fantassins français voient de loin des petits groupes progresser dans le no man's land, afin de préparer des brèches dans la défense allemande. Qui sont-ils ? Des sapeurs du génie ? Pour qui combattent-ils ? La réponse ne se fait pas attendre, car, tout d'un coup, ils voient surgir à cheval deux escadrons du 5e régiment de hussards, qui, imperturbables, chargent au sabre les mitrailleuses allemandes ! Ces mitrailleurs ennemis, qui ont résisté aux canons et à l'infanterie, abandonnent leur position, et les cavaliers français, aux ordres du commandant de Lavigerie, quittent finalement leurs chevaux et, carabine au poing, organisent la position qu'ils viennent de conquérir !

L'attaque de la deuxième position allemande

Le 26 septembre 1915, l'offensive progresse de nouveau au nord-est de Souain et au nord de Perthes. Sur

13 kilomètres, les troupes françaises affrontent la deuxième position allemande, truffée d'abris et de blockhaus bétonnés, aménagée à contre-pente. Ses défenses, ayant échappées à l'action de l'artillerie, se révèlent d'une puissance meurtrière dévastatrice, si bien que tous les assauts répétés les 27 et 28 septembre par les téméraires combattants français sont impuissants à l'entamer.

Le général de Castelnau, habilement conseillé par le général Pétain, donne alors l'ordre à son artillerie de pilonner cette seconde position fortifiée, par une préparation méthodique, afin de tenter ensuite une percée qui semble encore possible.

Par deux fois l'occasion est favorable pour lancer la cavalerie à cheval, entrainée à franchir les tranchées à la suite de l'infanterie, afin de porter le combat en rase campagne sur les arrières de l'ennemi. Dès le 25, aux abords de Massiges et au nord du ravin de l'étang, la percée tant attendue semble se concrétiser, provoquant l'engagement de deux escadrons du 5e régiment de hussards. Puis, le 29, lorsque les braves fantassins français occupent une partie de la deuxième position, la tranchée des Tantes, à l'ouest de la ferme Navarin. Trois brigades d'infanterie sont alors acheminées pour élargir la brèche. Le

11e régiment de chasseurs à cheval se porte ensuite en hâte dans cette direction. Mais le commandement allemand, prenant conscience de l'importance du succès local et tactique des troupes françaises, rameute des renforts et concentre un déluge d'artillerie, afin de reconquérir la tranchée perdue.

Les généraux Joffres et de Castelnau estiment que l'offensive doit être poursuivie en Champagne. Mais ils perdent du temps à compléter les effectifs perdus, si bien que l'opération ne reprend que le 6 octobre 1915. La division marocaine s'empare de diverses positions jusqu'aux abords de Sommepy. Cependant, en raison de l'épuisement des régiments engagés, de l'importance des pertes et de la consommation des munitions dépassant toutes les prévisions, l'offensive est définitivement arrêtée. Si elle n'est pas parvenue à la percée victorieuse et définitive tant attendue, les résultats ne sont pas négatifs pour l'armée française, qui a progressé d'une dizaine de kilomètres dans les lignes allemandes.

Cette bataille de Champagne, du 25 septembre au 7 octobre 1915, se termine par la mise hors de combat de 135 000 soldats français (tués ou blessés) et de 186 000 soldats allemands, dont 25 350 prisonniers. En outre, les troupes françaises ont capturé 150 canons.

V

LA BATAILLE DE L'ISONZO
MAI 1915-SEPTEMBRE 1917

L'entrée en guerre de l'Italie, le 23 mai 1915, aux côtés des Alliés contre l'Autriche-Hongrie, permet d'ouvrir un nouveau front en Europe au détriment des puissances centrales, condamnées à retirer des troupes des autres théâtres de guerre. Les promesses territoriales franco-britanniques aux bénéfices de l'Italie sont importantes : le Trentin, l'Istrie, une partie de la Dalmatie (trois territoires austro-hongrois), ainsi que des concessions coloniales au détriment de l'empire ottoman et de l'Allemagne. Le commandement allié espère beaucoup dans l'intervention italienne, la guerre s'enlise en France et ailleurs, tandis que l'Autriche-Hongrie, déjà engagée contre les Russes et les Serbes, se voit ainsi contrainte d'ouvrir un troisième front dans les Alpes.

Le front le plus difficile de la Grande Guerre

Le traité de vienne de 1866 donne à l'Italie une frontière qui ne peut lui être pire. Les quatre cinquièmes de sa frontière, face à l'Autriche-Hongrie, sont composés de montagnes couronnées de glace, séparées par des vallées qui s'ouvrent entres des murs à pic, sans routes faciles, où la bourrasque éclate souvent à l'improviste. Presque partout, sur un front de 750 kilomètres, les Italiens se trouvent dans des conditions défavorables à l'offensive contre les Austro-Hongrois. D'une part, ils doivent escalader une partie de la chaîne alpine d'une hauteur considérable, en passant par des routes encaissées sous la vue de l'artillerie autrichienne. D'autre part, ils doivent attaquer les collines de l'Isonzo, aboutissant à des élévations toujours plus hautes, hérissées d'embûches et faciles à défendre. La dernière partie de la frontière est composée de l'inhospitalier plateau de pierres du Carso, sans eau, résistant aux tranchées qui doivent briser le roc pour se creuser profondément : véritable mer solidifiée de vagues pointues, où l'explosion d'un obus est centuplée quant à sa force par les éclats de pierres brisées.

Le secteur de l'Isonzo, à l'ouest de Trieste, qui termine en partie la longue chaîne de montagne, commence par le cirque de Plezzo et celui de Tolmino qui restent un rude bastion montagneux allant au mont Nero et dont les pentes descendent du côté italien jusqu'au fleuve torrentueux de l'Isonzo. Devant Tolmino, les Autrichiens ont bâti une solide tête de pont avec les hauteurs de Santa Maria et de Santa Lucia. Plus au sud s'élève le plateau de la Bainsizza, couvert des forêts de Tarnova, surplombant à pic l'Isonzo. Gorizia, petite ville autrichienne, se transforme en un bastion défensif, protégé au nord par les monts Santo, San Gabriele et San Daniele, et au sud par les hauteurs carsiques et le mont San Michele. Le point d'appui du camp retranché de Gorizia, sont, sur la droite de l'Isonzo, le gigantesque mon Sabotino dominant tout le terrain environnant, provenant du défilé de Plava pour déboucher dans la plaine de Salcano et le bastion de Carso, avec les monts Sei Busi et Cosich.

Aucune fortification permanente n'existe sur le front de l'Isonzo. L'Autriche a depuis plus d'un an creusé une forte ligne de défense, avec des casemates, des tunnels creusés dans la montagne, des tranchées blindées et une artillerie déployée au-delà des crêtes du plateau, de manière qu'elle puisse se soustraire à la vue des Italiens.

La proclamation du commandement autrichien

affirme avec assurance : « Nous devons défendre un terrain qui est fortifié par la nature. Devant nous un grand cour d'eau ; à notre flanc, une ligne de hauteur d'où l'on peut tirer comme d'une maison de dix étages. Pensez aux montagnes qui sont toutes notre force. »[11]

Le secteur de l'Isonzo est celui qui préoccupe le plus les Autrichiens. C'est ainsi que la ligne de défense est construite avec soin. Les deux têtes de pont de Gorizia et de Tolmino sont dotées d'ouvrages en béton et en roc. Tout le long de ce front, on dispose une triple rangée de fers barbelés. Le général autrichien Lukatchich, chargé de la défense de ce secteur, écrit : « Quand les Italiens commencèrent leurs attaques, les défenses avaient déjà trois épaisseurs de barbelés, disposées en certains points sur cinq rangs successifs. Les tranchées étaient construites presque entièrement en pierre de façon à pouvoir abriter les soldats qui combattaient assis. Rien ne fut négligé pour créer des obstacles à l'adversaire. Le canal de Dossori, qui se détache de l'Isonzo, près de Sagrado, se maintient parallèle à la voie ferrée qui court au pied du Carso, passe par Monfalcone et va déboucher dans la mer, fut coupé au moyen d'une mine.

---

[11] *Archives militaires autrichiennes*, Vienne.

Grâce à des écluses opportunément ouvertes et à des obstructions, tout le terrain entre Ridipuglia et Vermigliani fut inondé. »[12]

Les forces en présence

À la mobilisation, l'Italie peut aligner sur l'ensemble du front 35 divisions, dont 14 sont affectées au secteur de l'Isonzo au sein de la 2e armée du général Frugoni, occupant le Haut-Isonzo, et de la 3e armée du duc d'Aoste sur le Bas-Isonzo. Au même moment, l'Autriche-Hongrie engage 22 divisions contre l'Italie, dont 13 sont positionnées sur l'Isonzo au sein de la 5e armée du général Boroevitch. Ainsi, contrairement à ce qui a été souvent affirmé, l'armée italienne ne dispose que d'une faible supériorité numérique, que les Autrichiens compensent largement par un terrain favorable à la défense.

D'autre part, l'armée italienne est pauvrement équipée et mal encadrée : 44 régiments sur 108 n'ont pas de manteaux pour l'hiver, le fusil Mannlicher-Carcano modèle 1891 est l'un des modèles les moins puissants utilisés par les belligérants. Sur le front de l'Isonzo, l'artillerie italienne

---

[12] *Archives militaires autrichiennes*, Vienne.

repose sur 700 canons contre 354 pièces autrichiennes, mais ces dernières sont plus modernes et portent plus loin. L'Italie ne peut aligner que 600 mitrailleuses contre 1700 chez l'adversaire. Les cadres font défaut, pour 900 000 Italiens mobilisés on en trouve que 40 000, alors qu'il en faudrait le double. Le général Marazzi écrit : « On partit à la guerre comme en 1848 en ignorant jusqu'à l'existence des nouveaux engins ! »[13]

L'armée austro-hongroise bénéficie de l'expérience de près d'une année de guerre. Cependant l'armée italienne jouit d'un excellent moral. Son unité est absolue, homogène et disciplinée : armée nationale ivre de revanche contre l'Autriche, l'ancien occupant d'une partie de la péninsule. Tandis que l'armée austro-hongroise représente une mosaïque de nationalités qui va peu à peu se désagréger sous les coups de la guerre. Cependant, les Autrichiens et les Hongrois sont d'excellents soldats, capables de nombreuses prouesses, comme les braves soldats italiens. L'armée italienne aligne des troupes d'élite comme les alpini (chasseurs alpins), corps de montagne particulièrement bien entraîné, et les bersaglieri (tirailleurs)

---

[13] *Archives militaires italiennes*, Rome.

renommés pour leur endurance et la promptitude de leurs mouvements lors des assauts à la baïonnette : 52 bataillons d'alpini et 67 de bersaglieri sont disponibles au début de la guerre. L'adversaire dispose également de troupes d'élite, comme les chasseurs impériaux tyroliens, les chasseurs de montagne et les tirailleurs hongrois, renforcés par les chasseurs bavarois.

Les plans en présence

Le plan d'opération des Italiens repose sur un mémoire rédigé par le général en chef Cadorna : « L'élément militairement vivant de notre front est le secteur de l'Isonzo, où doivent se dérouler les grandes offensives. Dans le Trentin, défense stratégique accompagnée d'offensives secondaires pour améliorer notre situation défensive, comme en Cadore et en Carnie. »[14]

Pour le commandement autrichien, la mission principale consiste à opposer un combat strictement défensif, particulièrement sur l'Isonzo, en espérant que les Italiens débouchant de Lubiana et exténués par la traversée

---

[14] *Archives militaires italiennes*, Rome.

en montagne se feront prendre en tenaille par d'importants renforts austro-hongrois et Allemands. Cependant, le général allemand Falkenhayn émet de sérieux doutes sur la facilité avec laquelle les Italiens se laisseraient attirer dans un tel piège. De toute manière, il refuse d'apporter en renforts les 10 divisions allemandes demandées par les Autrichiens. Pour le commandement austro-hongrois les directives sont simples : « Résistance acharnée sur toute la frontière en abandonnant le moins de terrain possible, en attendant de pouvoir attaquer. »[15] Sur l'Isonzo, la 5e armée autrichienne a l'avantage de mener une guerre sur des positions extrêmement faciles à défendre et longuement préparées à l'avance.

Premiers bonds offensifs italiens sur l'Isonzo

Les troupes italiennes franchissent partout la frontière dans la nuit du 23 au 24 mai 1915. Sur l'Isonzo, Caporetto est occupé dans les journées des 24 et 25, comme les villages de Cormons, Versa et Cervignano. La 1ère division italienne de cavalerie pousse une reconnaissance vers le Bas-Isonzo où l'ennemi fait sauter les ponts de

---

[15] *Archives militaires autrichiennes*, Vienne.

Pieris. Le 26, Grado-sur-Mer est occupé.

C'est sur le Haut-Isonzo que les premiers combats éclatent. Le 31 mai, le bataillon d'alpini Suse s'empare du contrefort du mont Vrsitch au nord du mont Nero, et avec la même hardiesse enveloppe et enlève des positions importantes du Vrata, comme la cote 2102. La prise du mont Nero est alors le prochain objectif. Deux régiments hongrois tentent de rejeter dans le fond de la vallée les alpini, mais leurs efforts se brisent devant une résistance acharnée qui, selon le commandement austro-hongrois lui-même, montre que « alpini italiens sont déjà des adversaires indomptables et parfaitement rompus à la lutte en haute montagne ».[16]

Les tentatives italiennes pour conquérir le massif de Sleme et du Mrzli sont des échecs sanglants, coutant aux brigades Modene et Salerne des pertes élevées avec 96 officiers et 2500 soldats tués ou blessés, entre le 28 mai et le 4 juin 1915. On assiste alors à une véritable guerre d'alpinistes se déroulant à 2000 mètres d'altitude, où de part et d'autre on rivalise d'héroïsme par des actions périlleuses

---

[16] *Archives militaires autrichiennes*, Vienne.

et incroyables. Cette guerre nécessite dans les deux camps un effort surhumain pour triompher des difficultés climatiques et topographiques, établir des positions atteignant parfois 3500 mètres d'altitude, les ravitailler par des galeries creusées dans la glace, des sentiers escarpés, des téléphériques, les disputer par des assauts acrobatiques.

Le 16 juin 1915, les Italiens enregistrent un véritable succès par la conquête du mont Nero à 2245 mètres d'altitude, le sommet le plus élevé de l'imposant massif qui tombe à pic sur la rive gauche de l'Isonzo. Le vaillant général Etna, commandant des alpini de la 2e armée italienne, donne l'ordre le 14 juin d'escalader le mont Nero par le Vrata et le Kozliak. Dans la nuit du 15 au 16 juin, une compagnie du bataillon Suse, venant du Vrata de la cote 2102, enlève par un bel élan les tranchées ennemies de la cote 2183 et captures 200 hommes et 12 officiers autrichiens. Elle attaque ensuite la cote 2133 et s'en empare. La 84e compagnie du bataillon Exiles, qui a quitté le Kozliak à minuit, se dirige vers le mont Nero à 2245 mètres et, à proximité des tranchées autrichiennes, bondit sur les défenseurs qui n'opposent qu'une faible résistance : 500 Autrichiens sont faits prisonniers.

Dans le secteur de la cote 383 à Plava, la vaillante

3e division italienne tente de s'emparer de positions truffées d'artillerie et de mitrailleuses. Le 17 juin, elle perd 93 officiers et 2000 soldats (tués ou blessés) lors d'assauts à la baïonnette menés avec le plus grand courage. Les Autrichiens sont également durement frappés avec 2300 soldats hors de combat.

Les troupes italiennes remportent finalement quelques succès, lors de ces premières opérations de guerre sur l'Isonzo, avec les conquêtes du mont Nero, des cotes 383, 98 et l'occupation de Monfalcone. La résistance autrichienne est cependant partout acharnée. Dès ces premiers combats apparaissent les lacunes matérielles de l'armée italienne : une artillerie insuffisante pour appuyer l'infanterie, des mitrailleuses inexistantes et aucun moyen efficace pour couper les barbelés. La nature du terrain n'arrange rien, de même que la puissance de l'armement adverse. « Les résultats de pareils errements, écrit Paul Guichonnet, eussent pu être catastrophiques chez les Italiens, dans une armée au patriotisme moins affirmé, au courage moins spontané et moins ardent. »[17]

---

[17] Paul Guichonnet, *l'Italie, la monarchie libérale 1870-1922*, éditions Hatier 1969.

La première offensive de l'Isonzo (23 juin-7 juillet 1915)

Après un premier bond offensif sur l'Isonzo, l'armée italienne se heurte aux deux têtes de pont autrichiennes de Tolmino et de Gorizia. Les réduire en est l'objectif principal pour envisager une marche victorieuse vers Trieste. La 2e armée italienne doit attaquer les ouvrages de défense de Tolmino et le camp retranché de Gorizia, tandis que la 3e armée doit mener des assauts contre les positions du plateau du Carso et tenter le passage du fleuve de l'Isonzo aux flancs du mont San Michele, véritable sentinelle autrichienne.

Au total, pour cette offensive, l'armée italienne engage 16 division et 2 groupes d'alpini contre 13 divisions austro-hongroises. De Gorizia à la mer, seulement 9 batteries lourdes italiennes d'artillerie appuient les opérations. Autant dire que mener une offensive avec des moyens aussi réduits ne peut que tuer inutilement des milliers d'hommes, mais le front italien a pour fonction principale, selon le commandement allié, de fixer un maximum d'effectifs austro-hongrois qui sont ainsi absents des autres fronts.

Les attaques italiennes débutent le 23 juin contre la

tête de pont de Plava, après une courte préparation d'artillerie. La vaillante brigade Emilie attaque vers Globna et se fait décimer devant les positions autrichiennes, nullement affaiblies par la faible artillerie italienne. Renforcée par la brigade Forli, une nouvelle tentative est aussi infructueuse : clouée au sol par un feu terriblement meurtrier, la brigade Forli perd tous ses officiers et un tiers de ses soldats.

Devant Gorizia, la 4e division italienne attaque les hauteurs d'Olsavia-Peuma, tandis que les 11e et 12e divisions avancent vers celles de Podgora. Dans ce secteur, l'artillerie italienne toujours aussi peu nombreuse n'obtient que des résultats secondaires, si bien que l'infanterie, s'élançant héroïquement à l'assaut, se heurte aux barbelés et aux défenses intacts. Deux compagnies de la brigade Livourne à Olsavia sont décimées. Il ne reste qu'un lieutenant comme officier survivant ! La brigade de Lombardie sur les collines de Peuma, les brigades du Roi et de Casale sur le Podgora subissent un sort identique. Les efforts se déplacent alors vers le mont Sabotino, véritable pilier de la tête de pont de Gorizia. La 4e division italienne tente de s'y hisser, mais ses efforts sont vains. Les mitrailleuses et l'artillerie adverses causent des pertes considérables dans les rangs des assaillants.

Après une brève suspension, les attaques reprennent le 5 juillet contre les hauteurs d'Olsavia et de Podgora. À découvert, les vaillants fantassins italiens de la 11e division gravissent les pentes raides et boueuses, couvertes par endroits de broussailles, et arrivent devant les premières rangées de barbelés. Les volontaires qui y posent des tubes explosifs, pour y ouvrir un passage, sont tous abattus. Le 6, la brigade Pérouse lance une attaque de la plaine de Lucinio à celle de Podgora qui se solde par un véritable massacre, plus d'un millier d'hommes tombent en quelques minutes !

L'offensive se porte sur le plateau du Carso. La brigade Pise passe l'Isonzo et atteint, dans la journée du 24 juin, Redipuglia. Elle repousse ensuite une violente contre-attaque autrichienne. La 13e division occupe le village de Mandria en contrebas de Monfalcone. Sur la gauche, la 14e division enlève les villages de Vermigliano et Selz, mais la crête des hauteurs environnantes demeure inviolable. Le 2 juillet, la brigade Sienne affronte les défenses de Castelnuovo aux prix de terribles sacrifices : elle finit même par n'avoir plus qu'un seul officier commandant la brigade ! Les efforts des 13e et 14e divisions sont également vains pour conquérir les positions de Debeli et de Costich. Mais le 3 juillet, les 19e et 20e divisions s'emparent des tranchées ennemies entre Castelnuovo et le mont Sei Busi, repoussent trois contre-attaques autrichiennes en faisant 300 prisonniers. Le 4, la 21e division enlève la cote 170, tandis que les brigades Cagliari et Savona dépassent la cote 89 et atteignent le mont Sei Busi (cote 118). Au centre, le 31e régiment d'infanterie fait 300 prisonniers autrichiens. La lutte pour la conquête du mont San Michele est couronnée par le succès de la brigade Reine qui s'en empare, mais elle en est ensuite chassée. Par contre, la brigade Pise parvient à enlever une importante position du mont San Michele, après un terrible corps-à-corps et s'y maintient malgré trois contre-attaques successives de l'ennemi. Pour accorder un répit aux troupes qui combattent depuis quinze jours, les actions sont suspendues le 7 juillet sur le Carso.

L'offensive se porte alors sur le Haut-Isonzo, contre Tolmino. Le 4e corps d'armée reprend les opérations pour compléter la conquête du mont Nero, en tentant de s'emparer des crêtes du Maznik, du Sleme, du Mrzli et du Vodil qui descendent vers Tolmino, ainsi que les hauteurs de Santa Maria et de Santa Lucia. Le 2 juillet, après une forte préparation d'artillerie, 4 bataillons d'alpini et la 8e division d'infanterie escaladent les rudes pentes et atteignent la cote 1000. Le matin du 4, la 7e division peut conquérir le fortin autrichien sur les contreforts de Santa

Maria, mais très vite elle se trouve isolée de ses arrières sur des pentes très inclinées. Arrêtée sous les tranchées autrichiennes par le tir implacable des mitrailleuses et le lancement d'énormes blocs de roches, la 7e division ne peut se retirer des pentes totalement à découvert. Elle s'accroche alors au terrain toute la nuit en subissant des pertes élevées.

Contre Santa Lucia, la brigade Bergame est également durement éprouvée contre des troupes ennemies protégées par des abris blindés et largement pourvues de mitrailleuses fauchant par centaines les Italiens. Dans ce secteur, les opérations sont également suspendues le 7 juillet.

Cette première offensive de l'Isonzo s'achève en n'apportant que des maigres avantages territoriaux aux Italiens : dans la zone de Tolmino, une légère avance jusqu'au mont Sleme (cote 1000) et du Mrzli (cote 1356). À Plava, quelques progrès vers Globna, l'occupation de quelques défenses. Sur le Carso, la conquête des cotes 170, 92 et 89, des pentes du mont Sei Busi, et la possession de Vermegliano, Selz et de l'Adria-Werke. Lors de ces différents combats, l'armée italienne déplore 19 000 soldats tués ou blessés, tandis que l'armée austro-hongroise en compte 22 000. Durant cette première offensive, la 5e armée autrichienne a à tel point souffert qu'elle doit employer toutes ses réserves. Ainsi la fixation, tant attendue par les Alliés, d'une vingtaine de divisions austro-hongroises sur ce front montagneux a parfaitement réussi grâce à l'héroïsme de l'infanterie italienne.

La seconde offensive de l'Isonzo (juillet-septembre 1915)

Sur le Haut-Isonzo, le 18 juillet 1915, après une courte préparation d'artillerie, l'attaque des alpini sur le Lemetz et le Smogar se brise devant les difficultés du terrain. Sur le mont Rosso, les alpini du bataillon Intra luttent avec un courage extraordinaire et parviennent à s'emparer d'une partie des position de cette montagne. Puis le 21, renforcés par les bataillons Val d'Orco et Val Toce, les alpini plantent leur drapeau sur le sommet du mont Rosso après un effort surhumain, à plus de mille mètres d'altitude. Trois contre-attaques autrichiennes sont repoussées. Plusieurs centaines d'hommes, tués de part et d'autre, jonchent les parois rocheuses.

À Plava, l'infanterie italienne fait la conquête de la cote 513. Sur le Podgora, la brigade Casale enlève diverses positions ennemies. Le 19, la brigade du Roi force la cote 240. La brigade Pavie s'empare de deux lignes de retranchement sur les pentes sud-ouest du Podgora. Les Autrichiens répliquent par de multiples contre-attaques, qui sont toutes repoussées par les Italiens qui rivalisent de bravoure.

Pendant ce temps, sur le plateau du Carso, la 3e armée italienne engage une lutte terrible pour la conquête du mont San Michele, véritable pilier de la défense du plateau. Le mont San Michele est abondamment couvert de défenses autrichiennes avec une série continuelle de tranchées aux noms divers (tranchées Neuve, Rouge, Blanche...) et protégé par les cotes 197 et 170. Dans l'après-midi du 18, le 10e régiment de la brigade Reine s'élance sur la cote 170 et s'en empare. Le 9e régiment occupe au même moment deux tranchées successives. Par contre à la lisière du bois Capuccio, la lutte est particulièrement sanglante : le 19e régiment de la brigade Brescia perd la moitié de ses effectifs, tandis que le 31e régiment de la brigade Sienne subit un sort identique devant les défenses de Castelnuovo. Le 48e RI de la brigade Ferrare et le 39e RI de la brigade Bologne luttent vainement pour la possession de diverses positions, truffées de mitrailleuses et d'artillerie de tranchée.

Le 19, les combats se rallument sur le mont San

Michele. Le 31e RI enlève les défenses de Castelnuovo et la 31e DI fait la conquête de tranchées, tout en capturant 500 soldats autrichiens. Le 20, 3 bataillons italiens mettent le pied sur le sommet du mont San Michele, mais une division autrichienne et une brigade de montagne reprennent cette importante position. Le 22, 12 bataillons autrichiens attaquent la cote 170, occupée par le 156e RI de la brigade Alexandrie. Des renforts italiens accourent sur les flancs de l'ennemi et le mettent en déroute : 1000 Autrichiens sont capturés. Le 26, la 22e division italienne se rend maîtresse du bois Triangulaire en y faisant 1200 prisonniers. Le 26, le 111e RI parvient à atteindre le sommet du mont San Michele, après une lutte sanglante à la baïonnette. Les Autrichiens concentrent alors un feu terrible d'artillerie, contraignant les assaillants à la retraite : 1700 soldats italiens sont tués lors cette unique opération ! Le même jour, la 14e division attaque le mont Sei Busi, force diverses positions et fait plus de 1000 prisonniers autrichiens.

Devant l'énormité des pertes, les opérations sont finalement suspendues. L'armée italienne a été une fois de plus lancée dans des attaques stériles et meurtrières. D'après le général français Valluy, l'infanterie italienne se comporte comme l'infanterie française d'août 1914 : « Elle se lance héroïquement en avant, en formations compactes, insuffisamment appuyées par une artillerie peu nombreuse. Les attaques sont assez mal liées entre elles, généralement consécutives et non simultanées, renouvelées, semble-t-il, avec la même tactique sommaire. Lorsque l'infanterie italienne atteint la position ennemie, il ne lui reste généralement plus assez d'hommes vivants pour la défendre, ainsi une contre-attaque autrichienne, bien menée, reprend le terrain si chèrement conquis la veille. »[18]

Les soldats italiens ne disposent que d'abris précaires, soumis sans cesse au pilonnage de l'artillerie ennemie, assujettis à des privations des plus pénibles, au milieu de la puanteur des cadavres décomposés.

Le soldat Benito Mussolini, alors mobilisé dans le corps d'élite de bersaglieri, décrit ainsi le paysage bouleversé du Bas-Isonzo, dans le secteur de Doberdo :

« Les canons tonnent toujours. Le terrain est déchiqueté, les tranchées bouleversées, les chaumières en ruine, les arbres rasés. Plus rien ne reste debout. La guerre

---

[18] Général J.E. Valluy, avec la collaboration de Pierre Dufourcq, *La Première Guerre mondiale*, éditions Larousse 1979.

a passé là son terrible rouleau compresseur. Du village de Doberdo, il ne reste que des tas de décombres. Sur la berge du lac gisent des lambeaux de membres humains. Des cadavres pourrissent à l'air libre. Avec le vent du soir arrivent des bouffées de puanteur. Dans le col, il y a deux cimetières militaires : l'un autrichien, l'autre italien. Hier, un gros obus a déterré plusieurs cadavres. Macabre. Je comprends maintenant comment le nom seul de Doberdo terrorise les soldats hongrois. Mais s'emparer de ces roches : quelle merveilleuse page pour l'honneur de l'héroïsme italien ! »[19]

Les opérations reprennent le 12 août 1915 dans les bassins de Plezzo et de Tolmino. Le canon tonne sur les positions ennemies. Au nord, la division spéciale des bersaglieri enfonce la défense du défilé de Saga, dans le bassin de Plezzo, puis débouche juste devant les monts Rombon et Javorcek, à plus de 1000 mètres d'altitude. Le 7e régiment de bersaglieri s'empare du sommet du Vristch, après un âpre combat. Les Autrichiens sont rejetés de l'autre côté de la montagne. De nombreux cadavres sont étendus dans les ravins. La 8e division italienne enfonce les

---

[19] Benito Mussolini, *Mon journal de guerre*, éditions Flammarion 1934.

premières positions des hauteurs de Santa Maria et de Santa Lucia en y faisant 1000 prisonniers.

Cette offensive prend fin avec divers succès locaux des troupes italiennes, sans que la percée définitive soit cependant obtenue. Elle permet de nouveau de fixer d'importantes troupes autrichiennes, au plus grand bénéfice des Alliés luttant sur d'autres fronts. Les pertes italiennes pour cette offensive montent à 42 000 soldats hors de combats (tués ou blessés) et à 47 000 hommes dans les rangs austro-hongrois.

Troisième et quatrième offensives de l'Isonzo (octobre-décembre 1915)

Le 1er octobre 1915, le général Cardorna lance l'ordre de la reprise générale des opérations sur l'Isonzo. Le gros effort offensif doit se concentrer sur les hauteurs nord et sud de Gorizia, avec les monts Kuk, San Gabriele, sans oublier le Carso. De Plezzo (Haut-Isonzo) à la mer Adriatique, 19 division italiennes sont en ligne, appuyées par 950 pièces d'artillerie. En face, on compte 14 divisions austro-hongroises et 700 canons.

À Plava, le 21 octobre, après trois jours de bombardement, la brigade Florence monte à l'assaut de

Globna, la brigade Forli de la cote 383 et la brigade Ravenne de Zagora. Une fois de plus, malgré la préparation d'artillerie, les fantassins italiens trouvent les barbelés intacts. Des escouades entières se sacrifient alors dans la pose d'explosifs sur les barbelés. Devant Zagora, la brigade Ravenne ne peut se maintenir sur les positions conquises, tandis que la brigade Florence s'empare des fortins de Globna. La brigade Forli, sur la cote 383, ne peut déboucher. Le 26, les Autrichiens déclenchent une puissante contre-attaque. À plusieurs reprises les positions changent de mains. Du 21 au 27, les trois brigades italiennes perdent 2000 hommes (tués ou blessés). Devant Gorizia, la 4e division attaque le mont Sabotino sans grand résultat et perd plus de 3000 hommes (tués ou blessés).

Sur le plateau du Carso, l'artillerie italienne pilonne pendant trois jours le mont San Michele, les ruines de San Martino et le mont Sei Busi. L'attaque générale est déclenchée le 21. Dans la zone du San Michele, le 86e RI s'empare du bourg de Peteano, la brigade Plaisance escalade les cimes 3 et 4 du San Michele. La brigade Alexandrie, entre la crête du San Michele et du San Martino, enlève plusieurs positions. Par contre, au saillant du bois Capuccio, les brigades Catanzaro et Bari essuient de lourdes pertes sans aucun résultat. Dans la zone du mont

San Martino et du Sei Busi, les Autrichiens ont multiplié sur un terrain aride les lignes de barbelés sur cinq rangs successifs, installés des nids de mitrailleuses de manière à croiser un feu terrible sur chaque point du secteur.

Malgré la puissance des défenses ennemies, la brigade Bologne s'empare de plusieurs tranchées, la brigade Cagliari enlève, après un terrible corps-à-corps, la tranchée Y et la brigade Savone, sur le mont San Michele, prend possession des cotes 100 et 118. Plus de 1000 soldats autrichiens sont capturés. Mais dans le secteur de Sclz, la brigade Sienne est soumise à un terrifiant roulement d'artillerie, qui lui cause 1500 soldats hors de combat (tués ou blessés) en l'espace d'une journée.

L'offensive reprend le 28 octobre contre le mont Sabotino, le mont San Michele et le Sei Busi sur le Carso. Toutes les tentatives italiennes se brisent devant les solides défenses et la résistance acharnée des troupes adverses. Cependant, le 1er régiment de bersaglieri occupe la cote 164, en perdant cependant 1100 hommes lors de cet assaut suicidaire, non soutenu par l'artillerie.

Malgré l'énormité des pertes, l'imperturbable général Cadorna décide de lancer une quatrième offensive sur l'Isonzo pour le 10 novembre 1915. Dans les cirques de

Plezzo et Tolmino, à plus de 1500 mètres d'altitude, les tentatives italiennes pour déboucher du col du mont Nero sont extrêmement couteuses en vies humaines et sans résultats notables. La brigade Valtelini perd 800 hommes(tués ou blessés) en quelques minutes ! Les opérations sont entravées par de violentes bourrasques qui brisent même le téléphériques de Ceszoca. Les Italiens, fouettés par un vent glacial et une neige abondante, accomplissent des prouesses stupéfiantes sur le pentes du mont Janvrcek, du Mzrli et du vodil, après de sanglantes mêlées. La température tombe à - 15 °.

Le froid et les violentes tempêtes de neige causent les premières gelures graves parmi les Italiens, luttant dans des conditions pitoyables. Le sergent Simoni des alpini raconte : « Vers minuit, après six heures de pluie et de tonnerre, il s'est fait un grand silence blanc. C'est la neige. Nous sommes ensevelis dans la boue, trempés jusqu'aux os. Je ne peux plus remuer mes doigts de pieds. La neige tombe lentement, nous sommes blancs nous aussi. Le froid nous a glacé le sang. Nous sommes condamnés à l'immobilité absolue. Bouger signifier « appeler » la mitrailleuse autrichienne. Après six heures de pluie et quatre de neige, nous sommes enfin relevés. Beaucoup ne peuvent marcher, ayant les pieds gelés. »[20]

Une lutte terrible se concentre autour d'Olsavia. Le feu infernal de l'artillerie autrichienne coute à la brigade italienne des Grenadiers 3200 hommes tués ou blessés sur les 6000 qu'elle comptait au début ! Le général Montuori, commandant la brigade, est gravement blessé par un éclat d'obus. L'héroïque brigade Sassari, l'unité italienne la plus décorée de la Grande Guerre, enlève trois tranchées successives sur le Carso et capture 2000 soldats ennemis, tout en déplorant dans ses rangs 1600 soldats hors de combat (tués ou blessés).

Dans des tranchées réduites à l'état de sillons informes, pleines d'eau et de boue, dans des abris à demi écroulés, sous les coups de l'artillerie autrichienne, occupant des positions plus élevées, les soldats italiens déploient une fois de plus un admirable courage. Ces deux dernières offensives coutent 116 000 soldats tués ou blessés à l'armée italienne, tandis que les Autrichiens déplorent 74 100 soldats hors de combat.

---

[20] *Archives militaires italiennes*, Rome.

La cinquième offensive de l'Isonzo (mars 1916)

Le matin du 11 mars 1916, l'artillerie italienne ouvre le feu sur tout le front de l'Isonzo et, le 13, l'infanterie s'élance à nouveau à l'assaut. Cependant, le mauvais temps, avec un froid quasi polaire et d'abondantes chutes de neige, ralentit les opérations. Les Italiens piétinent devant les positions ennemies de Tolmino, dominant toutes les hauteurs, à plus de 1000 mètres d'altitude. Le soir du 17, les Autrichiens contre-attaquent dans la zone de Santa Maria. Si le centre italien résiste aux multiples assauts, la gauche des lignes tombe, ce qui nécessite l'abandon des hauteurs de Santa Maria. Le 19, une autre attaque autrichienne parvient à conquérir la position du Truchetto dans le secteur du Mzrli et du Vodil. Puis le 20, le massif du Rombon subit à son tour les attaques autrichiennes qui se heurtent à une résistance acharnée des Italiens.

Dans le secteur de Gorizia, les 21e et 22e divisions italiennes attaquent le 13 mars la cime 4 des monts San Michele et San Martino. La redoute Grovilio est brillamment conquise avec 135 prisonniers autrichiens. Dans la nuit qui suit, la brigade Pise s'empare dans le même secteur d'une importante tranchée. À droite, la 22e division italienne s'épuise contre un épais réseau de défenses ennemies. Du 14 au 17, la 12e division italienne enlève toute une ligne de tranchée sur le Podgora et la 4e division accomplit des progrès dans le secteur d'Olsavia et celui du Sabotino. Du 19 au 26, les Autrichiens contre-attaquent sur tout le front de Podgora à Peuma. Ils réussissent à bousculer la 11e division italienne, mais sont ensuite sévèrement repoussés par des unités transalpines fraîches qui parviennent à reprendre le terrain perdu la veille. Le 29, la lutte s'étend sur Olsavia et le mont Sabotino. Des attaques multiples de part et d'autre causent de lourdes pertes dans les deux camps. Les Italiens contraignent finalement l'adversaire à la fuite en lui faisant 600 prisonniers.

Des combats acharnés se déroulent également à l'est de Selz, où la brigade Acqui, après une âpre lutte de trois jours, s'empare d'importantes retranchements autrichiens et parvient à les conserver malgré de violentes contre-attaques ennemies. Ce n'est qu'après cet épisode que prend fin la cinquième offensive de l'Isonzo : 1882 soldats italiens et 1985 soldats austro-hongrois sont tombés. Si cette offensive n'apporte guère de grand changement territorial, elle permet cependant de fixer les forces autrichiennes locales et d'importantes batteries d'artillerie qui auraient été les bienvenues à Verdun du côté des Allemands.

La sixième offensive de l'Isonzo (août 1916)

Voulant à tout prix s'emparer de Gorizia, pour ensuite conquérir Trieste, le général Cadorna engage 22 divisions et 1300 pièces d'artillerie sur le front de l'Isonzo, tandis que l'adversaire ne peut opposer que 9 divisions et moitié moins d'artillerie, mais le terrain montagneux avantage toujours le puissant système défensif des Autrichiens.

L'offensive, préparée avec un soin particulier, débute le 4 août 1916, par une diversion dans la zone de Monfalcone. La 16e division italienne s'élance contre les tranchées au sud du mont Sei Busi et la 14e division tente une nouvelle fois la conquête des cotes 85 et 121. Les assauts se brisent devant l'énergique résistance des Autrichiens mais permettent de détourner leur attention du secteur de Gorizia. Le 6, l'artillerie italienne pilonne les positions ennemies avec une grande efficacité. Le tir est adapté au rythme de la progression de l'infanterie. Les troupes du lieutenant-colonel Badoglio atteignent et dépassent les premières tranchées adverses, bousculent la résistance des rares survivants. Toute la crête de la cote 609 à San Valentino est occupée. Dans les autres secteurs, la brigade Abruzze s'empare du village d'Olsavia et fonce victorieusement sur la cote 165. Sur la droite, la brigade Cuneo tourne habilement les défenses ennemies de la colline du Grafenberg et s'approche de l'Isonzo. Par contre, la brigade Trévise est clouée au sol devant les hauteurs de Peuma en perdant 2500 hommes (tués ou blessés) sous les tirs concentrés des mitrailleuses adverses ! La brigade Pavia, plus heureuse, enlève d'un seul élan deux lignes de défense entre la voie ferrée et la route Lucinio-Gorizia. La brigade Casale dévale de la crête du Calvario et pénètre dans les ruines du village de Podgora.

Toute la nuit, les combats se poursuivent avec acharnement du mont Sabotino à Podgora. Le 149e RI encercle le fortin en bas du Sabotino et capture tous les défenseurs. Vers minuit, les contre-attaques autrichiennes sur San Valantino et San Mauro sont promptement repoussées. Le choc principal est supporté par le 77e RI qui, bien qu'ayant perdu tous ses officiers supérieurs, est alors dirigé par un simple capitaine. Après une mêlée sanglante, l'ennemi autrichien, décimé par les tirs et une charge glorieuse du 77e RI, est contraint à une retraite désordonnée, en laissant sur le terrain 500 prisonniers. Pendant ce temps, la brigade Pescara nettoie la vallée du Val Pemica, et la brigade Trapani prend pied sur la cote 138. Le puissant mont Sabotino se trouve alors conquis par les troupes italiennes. Conquête si rapide qu'elle a droit à la consécration poétique de l'écrivain-soldat Gabriele d'Annunzio, que la 45e division italienne prend pour devise : « Ils allèrent comme l'aile qui ne laisse pas d'empreinte, au premier cri, la montagne était prise ! »[21]

L'avance italienne devient alors irrésistible le matin du 7 août 1916. La brigade Lambro s'établit sur la cote 188. La brigade Abruzze, appuyée par la brigade Etna, enlève définitivement la cote 165 en faisant 700 prisonniers. Sur le mont Podgora, l'ennemi est également bousculé, la brigade Casale marche à contre-pente de la montagne, et la brigade Lucinio atteint les ruines du village. Le matin du 8, les Italiens progressent toujours. Les brigades Trapani et Etna entrent dans le village de Peuma en y capturant 300 soldats autrichiens. La cote 240 tombe à son tour, si bien que toute la rive droite de l'Isonzo se trouve alors entre les mains des Italiens. Les soldats de la brigade Casale, puis ceux de la brigade Pavie passent à gué le fleuve et entrent triomphalement dans la ville de Gorizia.

Sur le Carso, le sort de la bataille est également

---

[21] *Archives militaires italiennes*, Rome.

favorable aux Italiens avec la conquête du mont San Michele. Dans l'après-midi du 6 août, la brigade Catanzaro atteint d'un seul bond les cimes 1 et 2 en occupant deux positions ennemies. Les brigades Ferrare et Brescia enlèvent avec la même fougue les cimes 3 et 4. La 21e division se hisse sur le col San Martino, plus de 1000 soldats autrichiens se rendent dans la journée. Les contre-attaques autrichiennes sont toutes repoussées. Le 9, les 21e, 22e et 23e divisions italiennes progressent de nouveau. Le 10 à l'aube, les Autrichiens se trouvent dans une situation dramatique : ils ont perdu la cité de Gorizia et le mont San Michele, clefs de voûte d'une partie de la défense sur l'Isonzo.

On signale que l'ennemi est en pleine retraite vers Vallone, aussitôt les Italiens reprennent la progression sur le Carso. Le soir même, la 23e division italienne atteint Vallone. Le 12, les Autrichiens sont contraints d'abandonner les hauteurs du mont Debeli, de la cote 85 à la cote 121, pour se retirer sur les côtes 144 et 77, situées plus en arrière. Dans le secteur de Gorizia, la cavalerie italienne relève la nouvelle ligne de défense des Autrichiens, partant du mont Santo au mont San Gabriele. La 45e division italienne poursuit sa progression et occupe la cote 227, au nord-est de Salcano, ainsi que la cote 303, au nord de Santa Caterina. Sur le Carso, la brigade Lombardie atteint d'un seul élan le sommet de Nad Logem en y faisant 1400 prisonniers. La brigade Reine entre dans le village d'Oppachiasella.

Le 13, la lutte se poursuit pour la conquête des hauteurs de Volkoniak, du Veliki, de Segeti et de la cote 202. Sur la droite, la vaillante brigade Catanzaro s'empare de la cote 246. Les brigades Grenadiers, Pise et Reine font la conquête de deux fortes positions sur les pentes du Veliki et du Pecinka, en y faisant 1000 prisonniers.

Le 14 août, les soldats italiens attaquent la ceinture montagneuse des monts Kuk et San Marco. Cependant, le commandement italien estime que pour repousser l'ennemi au-delà des nouvelles positions qu'il occupe à l'est et à l'arrière de Gorizia, il faut préparer une nouvelle offensive, compléter les pertes et renforcer l'artillerie.

Ainsi se termine cette offensive qui permet la conquête de Gorizia, véritable succès pour les troupes italiennes mais aussi pour l'ensemble de la cause des Alliés. Le général allemand Falkenhayn a reconnu que ce fut là la victoire italienne de Gorizia qui décida la Roumanie à entrer en guerre contre les empires centraux, le 28 août 1916.

Durant cette offensive, 70 300 soldats autrichiens sont tués ou blessés, 20 000 autres capturés par les troupes italiennes, qui déplorent de leurs côtés 74 300 soldats hors de combat (tués ou blessés).

Les septième, huitième et neuvième offensives de l'Isonzo (septembre-novembre 1916)

Depuis Gorizia, l'armée italienne reste accrochée aux collines qui s'élèvent aussitôt derrière la ville et aux escaliers rocheux du Carso. Pour donner de l'espace aux unités occupant Gorizia, le général en chef Cadorna souhaite reprendre l'offensive vers la zone des collines à l'est de la ville, qui barre la route à toute progression. Il faut également attaquer le système défensif au-delà de Vallone, de manière à déborder par le sud les défenses qui s'élèvent à l'est.

Pour la septième offensive de l'Isonzo, l'armée italienne engage 240 bataillons et 1150 pièces d'artillerie contre 150 bataillons et 770 canons austro-hongrois. Ces chiffres ne doivent pas faire illusion, car pour enfoncer les solides positions montagneuses autrichiennes, il faudrait une supériorité numérique en infanterie et en artillerie de trois à quatre contre un. Nous sommes loin du compte, d'autant qu'en matière de mitrailleuses, les Austro-hongrois en alignent trois fois plus que les Italiens.

Le matin du 14 septembre 1916, malgré un brouillard tenace, l'artillerie italienne débute sa préparation. À 9 heures, la 23e division s'élance à l'assaut des hauteurs de San Gradi di Merna et du Veliki Kribach, la 21e division contre celles du Pecinka et la 22e sur l'axe Oppachiasella-Kostanjevica. Sur la gauche, malgré la fureur des tirs des mitrailleuses et des canons autrichiens, les brigades Grenadiers et Lombardie s'empare du bois Quadrangulaire, devant le Veliki Kribach et l'éperon de la cote 265. Au centre, la brigade Pise ne peut tenir la position qu'elle vient de conquérir. À droite, les brigades Brescia et Ferrare prennent une première tranchée à l'est d'Oppachiasella.

Malgré les conditions atmosphériques de plus en plus mauvaises, la brigade des grenadiers enlève, le 15, la hauteur de San Grado, tandis que le 15e régiment de bersaglieri fait la conquête partielle de la cote 208. Le lendemain, le 22e régiment d'infanterie (RI) et le régiment de Gênes prennent possession de la cote 144.

Sur le reste du front de l'Isonzo, les attaques italiennes ne donnent pas de résultats aussi notables. Les Austro-hongrois opposent une résistance extrêmement solide, rendue plus facile par la disposition élevée de leurs défenses qui leur permettent de localiser et de contenir les assauts italiens.

Les intempéries et les lourdes pertes nécessitent l'arrêt des opérations le soir du 17 septembre. La septième offensive de l'Isonzo se termine avec la mise hors de combat de 17 000 soldats italiens et de 15 000 soldats austro-hongrois (tués ou blessés).

La fin du mois de septembre est consacrée à l'organisation des positions autrichiennes conquises. La huitième offensive de l'Isonzo débute le 9 octobre 1916 et voit s'affronter 20 divisions italiennes et 14 divisions austro-hongroises. Le canon italienne tonne à nouveau sur les positions adverses. Le 10, à 14 heures 30, sous une pluie diluvienne, l'infanterie italienne s'élance à l'assaut. La 11e division enlève la cote 95 au sud-est de San Pietro et parvient à s'établir sur la hauteur du Sober, tout en repoussant trois contre-attaques ennemies. Plus au sud, la 12e division progresse jusqu'aux pentes de la cote 86. Les troupes italiennes mènent une attaque vigoureuse leur permettant de conquérir des positions importantes entre le mont Vippaco et la cote 208. Plus à droite, la 16e division dépasse la cote 144, pousse jusqu'à Jamiano. Devant la pression des unités italiennes, les Autrichiens abandonnent, le 12, toute la première ligne de défense à l'est de Vallone. Le même jour l'offensive s'arrête. Elle apporte aux Italiens un net succès tactique, la capture de 10 000 soldats austro-hongrois. Les tués et les blessés s'élèvent à 24 000 dans les rangs italiens et à 25 000 chez l'adversaire.

La pluie et la neige empêchent à plusieurs reprises de nouvelles attaques italiennes. Finalement, le 31 octobre 1916, devant une légère amélioration des conditions atmosphériques, débute la 9e offensive italienne sur l'Isonzo. L'artillerie transalpine pilonne les défenses autrichiennes à l'est de Gorizia et sur le Carso. Les forces en présence opposent 225 bataillons et 1390 canons italiens à 170 bataillons et 990 canons austro-hongrois. Une fois de plus, les canons et les bataillons italiens sont en nombre insuffisant pour enfoncer en profondeur les solides défenses adverses.

Le 1er novembre 1916, l'infanterie italienne s'élance de nouveau à l'assaut. Dans la zone des collines à l'est de Gorizia le terrain est devenu marécageux après les récentes pluies. Les braves fantassins italiens doivent marcher au feu en s'enfonçant dans la boue jusqu'au bassin ! Ils parviennent cependant à occuper la cote 171 du San Marco et la cote 123 à l'est du Vertoiba. Sur le Carso, la 45e division attaque le Veliki Kribach avec une fougue extraordinaire : la première position est conquise par la brigade Toscane, tandis que la seconde tombe entre les mains de la 1ère brigade des bersaglieri. La 4e division avance elle aussi entre Pecinka et Kostanjevica.

Les Autrichiens, vexés d'avoir été aussi durement chassés de l'ensemble du mont Veliki, contre-attaquent mais sont repoussés, en laissant une centaine de prisonniers sur le terrain, ainsi que de nombreux tués. Sur le Pecinka, la 1ère brigade des bersaglieri oppose également une admirable résistance à toutes les contre-attaques autrichiennes. Finalement, les Autrichiens reviennent de nouveau à l'attaque et reprennent le mont Veliki dans la matinée du 2 novembre. L'après-midi même, les coriaces soldats italiens de la brigade Ferrare chassent définitivement les Autrichiens du Veliki et se portent vers Kostanjevica. À droite, la 49e division atteint le pentes du Volkovniak et la 45e celles du Dosso Alto. Le lendemain, le Volkovniak est enlevé par la brigade Pignerol, tandis que les brigades Toscane et Lombardie prennent pieds sur le Dosso Faiti. À l'extrême gauche, la brigade Naples, par un bel élan, occupe les cotes 126 et 123.

Les très mauvaises conditions climatiques

empêchent la poursuite de la 9e offensive italienne sur l'Isonzo, qui s'arrête finalement le 4 novembre. Cette dernière offensive se termine cependant par des résultats appréciables pour les Italiens. Sur le Carso, l'armée italienne a enfoncé les deux premières lignes des défenses ennemies et ont atteint la troisième qui protège immédiatement la ville de Trieste.

La 9e offensive de l'Isonzo est marquée par la mise hors de combat de 39 000 soldats italiens et de 34 000 soldats austro-hongrois (tués ou blessés). Les troupes italiens capturent également 15 000 soldats ennemis.

Le commandant italien Tosti écrit avec justesse que les troupes italiennes « terminaient l'année 1916 sur de nouveaux succès ; ceux-ci avaient été acquis au prix de durs sacrifices ; il faut avoir combattu sur l'Isonzo en cet automne 1916, pour apprécier tout l'héroïsme de nos soldats, contraints de combattre avec la moitié du corps enfoncée dans la boue rougeâtre de cette terre ingrate, où beaucoup tombèrent étouffés au moment de l'assaut ; héros magnifiques et obscurs, vers lesquels ne s'élèvera jamais assez respectueux et reconnaissant le souvenir de la patrie. »[22]

Le poète italien Giuseppe Ungaretti, combattant en 1916 dans les tranchées du Carso et de l'Isonzo, gardera un souvenir terrible de cette période : « J'étais couché dans la boue, j'ai passé cette nuit en face de l'ennemi ; l'ennemi se tenait plus haut que nous ; il était mieux armé que nous et ce n'était pas une situation facile. La boue du Carso est une des choses les plus horribles que l'on puisse imaginer ! »[23]

De son coté, le général autrichien Boroevitch, commandant de la 5e armée austro-hongroise engagée sur l'Isonzo, tient à souligner : « Les troupes italiennes ont combattu contre nous avec une bravoure extraordinaire. Avec un esprit offensif téméraire, elles ont enlevé plusieurs de nos positions montagneuses, malgré l'immense difficulté du terrain, les pires conditions climatiques et la puissance de notre armement. Nos très courageux soldats ont cependant plusieurs fois reculé devant la fougue des bersaglieri, des alpini et des fantassins italiens. C'est pour

---

[22] Commandant Amédée Tosti, *L'Italie dans la guerre mondiale 1915-1918*, éditions Payot 1933.

[23] *Archives militaires italiennes*, Rome.

le soldat austro-hongrois un grand titre de gloire que d'avoir prit part à la bataille de l'Isonzo, dont les combats ont été aussi terribles qu'à Verdun et sur la Somme sur le front français. »[24]

La dixième offensive de l'Isonzo (mai-juin 1917)

Le plan d'opération italien pour cette offensive s'établit en trois phases successives. Dans la première phase, une puissante action d'artillerie doit s'abattre sur les positions austro-hongroises de Tolmino à la mer, afin de désorienter les Autrichiens sur l'axe réel de l'attaque principale. Dans la deuxième phase, les trois corps d'armée italiens de la zone de Gorizia s'élanceront à la conquête du bastion montagneux qui surplombe l'Isonzo de Plava à Gorizia, avec le mont Kuk (611 mètres), le Vodice (652 mètres), le Santo (682 mètres) et le San Gabriele (646 mètres), ainsi que les collines s'élevant derrière Gorizia. Enfin dans la troisième phase, la 3e armée italienne passera à l'attaque sur le Carso, en direction de l'imposant massif de l'Hermada.

Pour cette offensive, l'armée italienne engage 38

---

[24] *Archives militaires autrichiennes*, Vienne.

divisions et 3800 pièces d'artillerie, alors que l'ennemi aligne 15 à 18 divisions et 1400 canons. Un effort conséquent du côté des Italiens est mis en place, mais qui reste insuffisant pour percer les imposantes positions adverses, bénéficiant d'un terrain montagneux facile à défendre.

Du 12 au 14 mai 1917, l'artillerie italienne ouvre le feu sur tout le front d'attaque. Puis l'infanterie part à l'assaut des positions de Plava à Gorizia. La brigade Udine enlève brillamment la cote 383, pendant que la brigade Florence réussit à atteindre sous une pluie de balles et de grenades l'éperon de la cote 535 du mont Kuk. La brigade Avelino dépasse par un bel élan le barrage du Zagora et enlève le fortin de Zagomila qui bloque la route de Zagora au mont Vodice. La brigade Compasson est chassée du mont Santo qu'elle vient d'occuper et se replie à quelques centaines de mètres en dessous de la cime. Sur les collines, au nord-est de Gorizia, les Italiens doivent abandonner les cotes 126 et 147 qu'ils viennent de conquérir.

Dans la nuit du 14, la 47e division force le passage de l'Isonzo au saillant de Loga et se trouve sur l'autre rive en y faisant 400 prisonniers autrichiens. Du 15 au 21, les Autrichiens, renforcés par 3 nouvelles divisions, mènent une série de contre-attaques qui sont toutes repoussées, dont notamment sur le mont Vodice, solidement défendu par la 53e division du général Gonzaga.

L'avance italienne se poursuit avec les conquêtes de la cote 363 à l'est de Plava, des localités fortifiées de Globna, de Paljevo et de la colline de Grazigna. Le 21, le général Cadorna estime que le moment de passer à l'attaque sur le Carso est venu, les opérations dans la zone de Gorizia sont alors interrompues.

Après un pilonnage d'artillerie de dix heures, le 23 mai, les fantassins du Carso bondissent vers les tranchées autrichiennes. À gauche, le 11e corps attaque les hauteurs à l'est du Volkovniak et les cotes 370 et 368. Au centre et à droite, les 13e et 7e corps tournent et dépassent la première ligne ennemie et s'emparent de Jamiano. Dans le secteur de Monfalcone, l'infanterie italienne enlève les cotes 92, 77, 58 et 21.

Le lendemain les combats atteignent une exceptionnelle fureur, les mitrailleuses autrichiennes abattent par centaines les vaillants soldats italiens qui reviennent chaque fois à l'assaut. À droite du Carso, les positions ennemies sont enfoncées à Flondar et les Italiens atteignent même San Giovanni et Medeazza en direction de l'Hermada, en y faisant 2000 prisonniers. Entre Kostanjevica et Jamiano, le 13e corps s'essouffle par d'épuisantes attaques stériles, mais à l'ouest de Medeazza le 7e corps avance jusqu'à l'embouchure de Timavo en capturant 800 prisonniers.

Le 29, la bataille s'arrête devant l'énormité des pertes, les Italiens ont cependant progressé d'une dizaine de kilomètres par endroits, au milieu d'un réseau de défenses en faisant 16 000 prisonniers. Les Autrichiens ne tiennent pas en rester là, ils mènent des contre-attaque au nord de Gorizia qui sont cependant toutes repoussées. Il atteignent le sommet du mont Vodice, mais en sont ensuite chassés. Trois nouvelles contre-attaques sont encore contenues par les Italiens les 30 et 31 mai.

Le choc le plus violent des actions autrichiennes se produit sur le Carso en début juin. Un corps d'armée autrichien de réserve attaque les positions italiennes dans la zone Faiti-Kostanjevica le 4 juin. Les soldats italiens, qui tiennent des positions totalement bouleversées par les précédents combats et la violente action de l'artillerie adverse, se trouvent dans une situation dramatique pour se défendre. La première attaque autrichienne brise la résistance italienne sur les positions du Faiti, en revanche dans le secteur de Kostanjevica les assaillants sont repoussés ; puis les preux de la 58e division italienne reprennent le mont Faiti.

Cette 10e offensive de l'Isonzo touche à sa fin le 8 juin. Les Italiens perdent quelques postes mineures sur le Carso mais conservent au nord de Gorizia les positions conquises, comme les monts Kuk et Vodice. Les pertes militaires italiennes sont terrifiantes avec 157 000 soldats hors de combat (tués ou blessés) contre 78 600 dans les rangs adverses. Viennent s'y ajouter les 20 000 soldats austro-hongrois capturés, pourtant au total les pertes austro-hongroises à 98 600 militaires hors de combat (tués, blessés et prisonniers).

La onzième offensive de l'Isonzo (août-septembre 1917)

Malgré l'énormité des pertes subies lors de la précédente offensive, le commandement italien envisage dès le mois d'août une nouvelle opération sur l'Isonzo : la onzième ! Le général Cadorna espère porter un coup décisif aux Autrichiens qui se trouvent au même moment proche de l'effondrement, mais ce qu'il semble ignorer c'est que son armée se trouve elle aussi dans un grave état de découragement physique et moral. La prise de chaque montagne coûte en moyenne aux troupes italiennes 5000 à 10 000 hommes, position qu'il faut ensuite tenir contre les furieuses contre-attaques ennemies.

Pour cette nouvelle offensive, le général Cadorna engage des forces considérables avec 51 divisions, soit les trois quarts des effectifs sur l'ensemble du front italien, et 5200 pièces d'artillerie. De son côté, l'armée austro-hongroise oppose 23 divisions et 2200 canons. La défection grandissante de la Russie frappée par la Révolution et la défaite cuisante de l'armée roumaine permettent à l'armée impériale de se renforcer sur l'Isonzo contre les Italiens. Une dizaine d'autres divisions sont prévues par la suite pour renforcer le dispositif déjà bien puissant des Austro-Hongrois sur ce front montagneux.

La tête de pont de Tolmino représente le principal obstacle sur lequel bute l'armée italienne pour conquérir une grande partie de la rive gauche de l'Isonzo. De plus, elle représente une grave menace pour son déploiement. Enfin, le plateau de la Bainsizza, qui s'élève comme une immense et puissante forteresse au sud de Tolmino, représente un tremplin efficace pour le passage des troupes italiennes sur l'Isonzo. La Bainsizza a de plus une grande valeur défensive pour l'armée autrichienne, rempart naturel qui rend facile la communication entre les défenseurs du Carso et ceux de Tolmino. Il est donc primordial pour le général Cadorna d'enlever cet important noeud stratégique qui, en cas de succès, forcera les Autrichiens à évacuer les positions de la zone nord et arrière de Gorizia et celles du Carso. La ville de Trieste pourrait alors être conquise en quelques jours.

Cette nouvelle offensive est conçue comme une grande opération de Tolmino à la mer, avec un effort particulier sur le plateau de la Bainsizza au nord et sur le plateau de Comen au sud.

L'artillerie italienne débute sa préparation le 17 août 1917. Les premières positions autrichiennes sont durement secouées par l'avalanche d'acier et de feu, tandis que les deuxièmes lignes, marquées par l'emplacement des forêts du plateau de Tarnova, de la Bainsizza et celle de l'Hermada, brûlent comme d'immenses bûchers. L'aviation italienne participe également à l'action, avec une centaine d'appareils qui mitraille et bombardent les batteries et les centres de communication.

Dans la nuit du 18 août, les 24e et 27e corps italiens, devant agir sur la Bainsizza, lancent des ponts pour traverser l'Isonzo. Les mitrailleuses autrichiennes, habilement dissimulées dans les tunnels de la voie ferrée courant parallèlement au fleuve, rendent difficile la tâche du génie italien sans cesse pris pour cible, si bien que l'opération du passage de l'Isonzo ne peut être effectuée qu'en partie : 6 ponts seulement sur 14 projetés peuvent être lancés. Cependant, le matin du 19, 4 bataillons du 27e corps et 8 du 24e corps parviennent à traverser le fleuve et progressent vers les positions ennemies particulièrement difficiles à conquérir, avec une première ligne de défense longeant le fleuve, une deuxième à mi-côte et enfin une troisième qui repose sur une véritable barrière montagneuse avec le mont Vhr (610 mètres), le Kuk (711 mètres), le Jelenik (788 mètres) et le Kobilek (627 mètres). Au nord, les 4e et 6e corps italiens attaquent les monts Rossa et Mrzli à 1500 mètres d'altitude, pendant que le 27e corps tente le passage du torrent Avscek.

L'infanterie italienne parvient à briser les défenses de Descla et avance vers la cote 300. Dans le secteur du 24e corps, les 5e et 1ère brigades de bersaglieri progressent brillamment et enlèvent les défenses ennemies sur les monts Fratta et Semmer. La 60e division s'empare de la localité de Canale, après une lutte farouche. Le 20, le 27e corps reste bloqué devant la cote 645, mais le 24e corps consolide son avance et menace désormais les arrières des monts Kuk et

Jelenik. Le 21, les fantassins du 27e corps s'empare d'Auzza et parviennent à passer l'Avscek. La 5e brigade de bersaglieri prend l'Ossoinca, la 1ère brigade de bersaglieri met le pied sur le col de la cote 856 de l'Oscedrik et du Jelenik, enfin la brigade Tarnova de la 60e division enlève le mont Kuk. Le 22, le 2e corps force les positions autrichiennes dans la région de Putarsce-Bavterca et lance ses braves à l'assaut du mont Kobilek. Le 23, les derniers points de la défense autrichienne cèdent sur tout le cirque du Vhr et celui du Bate : les monts Oscedrik et Kobilek sont conquis.

Dans la nuit du 24, un vent de panique souffle chez les Autrichiens, désespérés de ne pouvoir repousser les larges brèches sur le bord occidental de la Bainsizza ; une importante retraite s'effectue vers la ligne Mesnjak-San Gabriele. L'infanterie italienne avance sur le plateau, en recueillant un butin énorme de matériels, 120 canons et 200 mitrailleuses, avec la capture 19 340 soldats autrichiens. Un bond de 15 à 20 kilomètres en zone montagneuse vient d'être accompli en seulement six journées de violents combats, sur un plateau très pauvre en communication, rendant ainsi très difficile le déplacement de l'artillerie italienne nécessaire à l'appui de la troupe. De plus, les réserves en munitions s'épuisent. Sur 3 millions d'obus stockés pour cette offensive, 2 millions ont déjà été tirés. Enfin, les Autrichiens ont reçu en renfort une dizaine de divisions d'élite pour consolider les nouvelles lignes de défense.

Le 29, le commandement italienne ordonne la suspension de l'offensive dans ce secteur afin d'organiser les positions conquises. La lutte se porte alors sur le plateau carsique. Les brigades Pallanza, Marsa Carrora et Lombardie luttent comment des lions sur les côtes 464 et 378, s'emparent de plusieurs positions adverses. Les Italiens dépassent Versic, Korite et Selo, parviennent jusqu'au ballon de Brestovica, enlèvent ensuite la cote 110 et les ruines de San Giovanni.

L'offensive de déplace sur le centre de l'Isonzo, contre l'arc des hauteurs qui entourent Gorizia. Le 4 septembre, 700 canons pilonnent les positions ennemies qui vont du mont San Gabriele au mont San Marco. La 11e division italienne se lance ensuite à l'assaut des pentes du San Gabriele et parvient à atteindre la ligne de la crête entre la cote 552 et 646 en y faisant 2000 prisonniers. Les jours suivants, le San Gabriele est l'objet d'une lutte terrible et continue, à coups de d'attaques et de contre-attaques dans les deux camps. Des régiments entiers sont anéantis dans cet enfer.

Pendant ce temps, les attaques italiennes reprennent sur le plateau de la Bainsizza pour améliorer la situation sur les lignes avancées. Le 15 septembre, l'héroïque brigade Sassari enlève les cotes 895 et 862. La 44e division du général Papa prend pied sur le mont Na Kobil.

Ainsi se termine l'offensive la plus importante livrée sur le front italien depuis 1915 et l'une des plus importantes de toute la Première Guerre mondiale sur les divers théâtres en Europe. Elle apporte des résultats importants sur le plateau de la Bainsizza, ainsi que sur ceux du Carso et de Gorizia. L'armée italienne, si souvent injustement critiquée, vient d'accomplir l'un des plus incroyables exploits de toute la guerre européenne : le passage d'un fleuve torrentueux devant des défenses ennemies très élevées et l'enlèvement simultané d'imposantes positions montagneuses sur une profondeur de 20 kilomètres. Cette opération cause des pertes terrifiantes dans les deux camps : 166 000 soldats italiens et 120 000 soldats austro-hongrois tués ou blessés ! L'armée italienne capture également 30 000 soldats ennemis.

« La onzième offensive de l'Isonzo, écrit le général allemand Ludendorff, avait été riche de succès pour l'armée italienne. Les armées impériales avaient courageusement résisté, mais leurs pertes sur les hauteurs du Carso et de la Bainsizza avaient été si considérables, leur moral tellement ébranlé, que les autorités politiques et militaires de l'Autriche-Hongrie en étaient venues à la conviction que les armées de l'empereur ne pourraient pas continuer la lutte et soutenir un douzième choc de l'Italie.

« L'une des causes de notre défaite fut la déficience de l'Autriche-Hongrie, que l'Italie serrait à la gorge de plus en plus fort. Si l'Autriche-Hongrie avait pu rendre disponible une partie de ses divisions et les envoyer sur le front français, la guerre aurait était gagnée par les Empires centraux, qui n'auraient pas craint les renforts américains. »[25]

Une bataille effacée de la mémoire historique

Il est consternant de constater que cette bataille, l'une des plus meurtrières de la Première Guerre mondiale, est totalement méconnue du grand public en France. À ce sujet, l'ouvrage de l'historien R.G. Grant, préfacé par Franck Ferrand, *1001 batailles qui ont changé le cours de*

---

[25] *Archives militaires allemandes*, Fribourg-en-Brisgau.

l'Histoire, publié aux éditions Flammarion en 2012, ne consacre pas une seule ligne à cette bataille !

Pourtant, la bataille de l'Isonzo (mai 1915-septembre 1917), ayant vu dans sa phase finale l'engagement de 74 divisions italiennes et austro-hongroises, sans oublier 7400 pièces d'artillerie des deux camps, demeure l'un des affrontements les plus importants et couteux en vies humaines de toute l'histoire militaire : 656 182 soldats italiens tués ou blessés et 487 985 soldats austro-hongrois, soit un total de 1 144 167 combattants hors de combat des deux camps ! C'est plus que la bataille de Verdun (843 000 soldats français et allemands tués ou blessés) et quasiment autant que celle de la Somme (1 192 600 soldats français, britanniques, allemands tués et blessés) durant la guerre 14-18. Les deux dernières offensives de l'Isonzo de l'été 1917 tuent ou blessent 521 600 soldats italiens et austro-hongrois. C'est bien davantage que la bataille de Normandie de l'été 1944 avec ses 466 000 militaires alliés et allemands tués ou blessés.

VI

LA BATAILLE DE VERDUN
FÉVRIER-DÉCEMBRE 1916

L'année 1916 fixe sur le front occidental 106 divisions françaises, 6 divisions belges, 56 divisions britanniques, 1 division russe et 127 divisions allemandes, tandis que 56 divisions allemandes se trouvent sur le front russe. Comme on peut le constater par les chiffres, le front français accapare encore la plus grande partie de l'armée allemande.

Falkenhayn décide de frapper à Verdun

Au début de cette même année 1916, le commandement allemand décide de passer à l'offensive en France, car la stratégie défensive de l'année 1915 a montré ses limites. Victime du blocus naval des Alliés et de la lutte stérile sur deux fronts, l'armée allemande doit à tout prix obtenir un succès décisif sur le front français. Si les Alliés subissent de très lourdes pertes en 1915 en multipliant des offensives suicidaires, l'Allemagne ne peut cependant obtenir la décision en restant sur un plan purement défensif. Le blocus allié désorganise l'économie allemande, c'est ainsi que des émeutes, contre la faim et les restrictions alimentaires, éclatent sur le territoire du Reich. Il devient de plus en plus urgent de battre l'armée française, l'adversaire principal de l'Allemagne. La Grande-Bretagne et la Russie seront alors contraintes de capituler. Après bien des hésitations, le général von Falkenhayn décide de frapper à Verdun, la place forte française la moins éloignée de la frontière allemande. Il s'agit d'enfoncer le front français à cet endroit, afin de contraindre le gouvernement français à demander un armistice.

Le théâtre de guerre de la future offensive

La région dans laquelle va se dérouler la bataille est traversée du sud au nord par la Meuse. Le fleuve serpente une large vallées souvent marécageuse. Sur la rive est, la Meuse est dominée par les collines de Woëvre. D'un relief tourmenté, couvert de forêts, coupé de nombreux ravins qui compartimentent le terrain, le secteur offre une grande facilité à la manœuvre par infiltration. Les côtes du Talou, du Poivre, de Froideterre et de Saint-Michel-Belleville sont des remparts naturels.

Les forts de Douaumont et de Vaux dominent le champ de bataille par leurs imposantes silhouettes au nord et à l'est de Verdun. Construits en 1885, ils font l'objet de constants perfectionnements jusqu'en 1913, tant par le renforcement de leur protection contre les obus brisants, par l'emploi d'un béton de haute qualité, que par l'accroissement de leur puissance de feu. Les plans de ces deux ouvrages révèlent une différence dans leur tracé, répondant aux exigences de leurs champs de tir, mais aussi une similitude dans leur conception et le choix de leur armement : une enceinte couverte par des glacis munis de réseaux de barbelés, dont les fossés séparant l'escarpe de la contrescarpe sont défendus par des casemates, armées de mitrailleuses et de canons de petits calibres ; une caserne à double étage profondément enterrée, des talus d'escarpe munis de réseaux, de tourelles à éclipse de canons de 75 mm, de 155 mm et de mitrailleuses disposant chacune d'un observatoire sous coupole d'acier et des casemates dites de Bourges, armées de pièces de 75 mm et de mitrailleuses, assurant les tirs de flanquement à grande distance. Disposant de dépôts de vivres et de munitions, d'une génératrice électrique, d'une infirmerie, les deux ouvrages sont doués, avec leurs 600 à 800 hommes d'équipage, d'une autonomie complète et d'une rare puissance pour l'époque.

Les collines entourant Verdun atteignent 300 à 400 mètres de hauteur. Sur la rive ouest de la Meuse, la ligne des crêtes, que jalonnent Sivry-la-Perche et Montfaucon (347 mètres), court à plus de 10 kilomètres de la vallée vers laquelle convergent les contreforts célèbres de la butte 304, du Mort-Homme et de la côte de l'Oie. Plus à l'ouest, la région se relie par Boureuilles et Vauquois au massif forestier de l'Argonne.

L'ensemble du terrain au sol crayeux, recouvert d'une couche d'argile, devient boueux aux moindres pluies. La circulation est alors difficile en dehors des routes et le déluge d'obus la rendra en tous lieux terriblement éprouvantes.

Verdun, depuis toujours « porte de France », dresse sa citadelle et son enceinte fortifiée par Vauban. De 1874 à 1885, le général Séré de Rivières transforme la place forte de Verdun en un vaste camp retranché, en lui donnant deux ceintures de forts détachés, avec pour les plus rapprochés : Belleville, Saint-Michel, Belrupt et Regret ; puis pour les plus lointains : Dugny, Haudainville, Moulainville, Souville, Froideterre, Marre, Choisel. Positions que complètent ensuite les ouvrages de Tavannes, de

Vacherauville, du Chana et des Sartelles. Puis, dès l'apparition des obus brisants, en 1885, sont implantés cinq grands forts à vues lointaines : Douaumont et Vaux vers le nord-est, le Roiselier vers le sud-est, Landrecourt vers le sud-ouest et le Bois Bourrus vers le nord-ouest.

Durant la même période sont construits une centaine de petits ouvrages bétonnés dans les intervalles (abris, batteries, dépôts), ainsi qu'un réseau complet de voies de 0,60 mètres et, à Verdun même, une immense caserne souterraine pour les réserves, par extension de la citadelle.

Jusqu'en 1915, cette ensemble fortifié représente un puissant système défensif, capable de repousser toutes les offensives allemandes. Or, moins de trois mois avant l'offensive sur Verdun, le commandement français retire des forts 43 batteries lourdes d'artillerie, avec 128 000 obus, ainsi que 11 batteries moyennes et de nombreux équipages. Les ouvrages perdent leur armement de casemates de Bourges (canons de 75 mm), leur équipement des coffres de fossés en mitrailleuses et canons de petits calibres, leurs munitions, presque toutes leurs garnisons. Le service des tourelles n'est plus assuré et l'on envisage même la destruction des ouvrages modernes ! Ainsi, à la veille de l'offensive allemande, le secteur de Verdun est uniquement tenu par les troupes de campagne, dépourvues de l'armement principal pour tenir les forts.

Le commandement français, animé par un esprit offensif, estime que les forts sont dépassés du fait de la puissance destructrice de l'artillerie moderne.

La méthodique préparation allemande

Contrairement à ce qui est souvent écrit, le but du commandement allemand n'est pas d'entraîner l'armée française dans une bataille d'usure, mais de conquérir Verdun par une offensive soudaine et brusquée. Il s'agit donc d'une attaque frontale en force de Brabant à Ornes par trois corps d'armée, que complètera au moment favorable, une action en crochet à gauche de deux corps d'armée partant de la Woëvre, entre Ornes et Étain. Faute de moyens suffisants pour alimenter la bataille de Verdun, à la fois sur les deux rives de la Meuse, l'attaque s'engagera seulement sur la rive droite, en s'appuyant sur les Hauts de Meuse, droit au sud.

Dès la mi-janvier 1916, le rassemblement d'une puissante aviation (250 appareils), la mise en place de l'artillerie lourde (650 pièces de 150 mm à 420 mm) débutent dans le secret que favorisent les couverts naturels de la région. Le camouflage des batteries est minutieux. De profonds abris spacieux à plusieurs étages sont aménagés le long des bases de départ pour les troupes d'assaut. À compter du 1er février 1916, sur les voies ferrées de l'arrière, circulent les trains à cadence accélérée, amenant troupes, munitions et matériel.

Le soldat allemand est coiffé du nouveau casque d'acier, modèle d'une exceptionnelle qualité protectrice, couvrant la tête, la nuque et une partie du visage avec sa visière. Admirablement étudié, il innove par sa conception rationnelle, confiée à un chercheur de l'Institut technique de Hanovre, Friedrich Schwerd. Ce casque peut être renforcé à l'avant par une plaque frontale, vite abandonnée car trop lourde. De cette plaque ne subsistent que les deux pitons de fixation sur les côtés, qui sont également des trous d'aération. La coiffe intérieure en cuir rembourré s'adapte parfaitement au crâne et renforce la protection du soldat. Ce casque, à la conception révolutionnaire, a fortement inspiré le modèle américain des années 1980, dont la forme idéale protectrice est confirmée sur un ordinateur, en croisant les données anatomiques, ergonomiques et anthropométriques. Il est aujourd'hui la référence de presque toutes les armées du monde, notamment des armées françaises et allemandes. En hommage au concepteur allemand des origines, l'armée américaine l'a surnommé casque « Fritz ».

Alerte tardive et hâtive improvisation chez les Français

Malgré les nombreux indices d'une puissante offensive allemande dans le secteur de Verdun, rapportés par diverses reconnaissances aériennes, ainsi que par les observations des troupes en première ligne, le général Joffre reste sceptique. Le général de Castelnau manifeste cependant son inquiétude et ordonne de renforcer les positions défensives. Le 10 février 1916, à la suite des déclarations précises de déserteurs allemands qui donnent le jour et l'heure de l'attaque, sans omettre de préciser les lieux menacés, le général Joffre fait acheminer sur place les premiers renforts. Les effets de cette reprise en mains sont cependant bien tardifs dans l'immédiat. On alerte les troupes qui doivent suivre et, dans le Nord, les Britanniques qui viennent de créer une 4e armée, aux ordres du général Rawlinson, se préparent à relever la 10e armée française sur le front d'Artois.

Les forces en présence et les débuts de l'offensive allemande

Le 21 février 1916, la 5e armée allemande, commandée par le Kronprinz impérial (Guillaume de

Hohenzollern), fils de Guillaume II, se lance à l'assaut de Verdun, avec 10 divisions, appuyées par 1257 pièces d'artillerie. Dix autres divisions allemandes sont maintenues en réserve. Le choc est soutenu par 36 bataillons français contre 72 bataillons allemands : 30 000 soldats français contre 150 000 soldats allemands. L'armée française ne peut opposer que 3 divisions et 281 canons dans ce secteur.

Le 21 février, le jour se lève par un beau temps froid et sec, sur une campagne couverte de givre. À 7 heures 15, un véritable déluge de feu, sans précédent depuis le début du conflit, s'abat sur les tranchées françaises, sur un front d'environ 30 kilomètres. Perçu jusqu'à 150 kilomètres de là, dans les Vosges, le bombardement allemand se prolonge dans toute la profondeur du camp retranché de Verdun, battant les communications, les forts, les ponts de la Meuse, la ville elle-même.

« C'est un effroyable pilonnage de tous calibres, allant du 77 mm au 420 mm, écrit un témoin oculaire, dont la cadence ne fait que croître, pour atteindre une furieuse intensité vers 10 heures. À 16 h 30, les tirs s'allongent et l'infanterie allemande aborde au pas, par petits groupes, l'arme à la bretelle, la défense française bouleversée : l'artillerie conquiert, l'infanterie occupe. Formule nouvelle, mais qui aura encore besoin d'être approfondie, car, malgré les effets destructeurs de cette débauche d'artillerie lourde, le fantassin allemand voit surgir devant lui des sortes de fantômes ressuscités de l'enfer, éparpillés dans le chaos des trous d'obus, qui les reçoivent à coups de fusils, de grenades et parfois de mitrailleuses. »[26]

Le secteur du bois des Caures, défendu par le colonel Driant et ses 56e et 57e bataillons de chasseurs à pied, devient l'objet d'une lutte terrible, où les soldats français se battent comme des lions, malgré l'écrasante supériorité numérique et matérielle de l'adversaire : les deux bataillons français comptent en seulement quelques heures 1120 tués et 210 rescapés !

Le 22 février, l'offensive allemande prend toute son ampleur. Les soldats français, qui survivent par miracle au milieu des cratères d'obus, continuent à lutter avec une énergie stupéfiante et parviennent à freiner considérablement l'avance allemande. Le 23, le front semble se figer en une lutte stérile pour la conquête de

---

[26] *Archives militaires françaises*, Vincennes.

quelques centaines de mètres de terrain nivelé par les obus. Le 24, la pression allemande se fait sentir de plus en plus, la deuxième ligne française est atteinte, les avant-gardes arrivent seulement à 10 kilomètres de Verdun. L'infanterie allemande attaque avec un mordant extraordinaire, sans tenir compte de l'importance des pertes. Le soir même, le général Joffre appelle le général Pétain, afin qu'il organise la défense de la ville avec sa 2e armée.

Pétain organise la défense

Philippe Pétain arrive le 25 février sur place, le jour même où le fort de Douaumont, le plus important du système fortifié français, est conquis par les soldats allemands. La situation devient critique, mais dès le lendemain, l'offensive allemande marque des signes de fatigue : 2 200 000 obus ont été tirés par l'artillerie allemande, si bien que l'approvisionnement a besoin d'être complété. Pétain installe son poste de commandement à Souilly, au sud de Verdun, et organise aussitôt la défense. Il annule les ordres de destruction des autres forts, défendant le secteur, renforce le front en première ligne, si bien que les effectifs français passe de 3 à 11 divisions contre 20 divisions ennemies.

Pétain met surtout en place le ravitaillement de son armée,

en organisant judicieusement la relève des divisions par la Voie Sacrée, l'unique route menant à Verdun, qu'il fait agrandir, afin de permettre à 3000 camions, 90 000 hommes et 50 000 tonnes de munitions d'y transiter par semaine. Les effets du système Pétain sont rapides sur le terrain : les troupes allemandes piétinent, notamment en raison de l'artillerie française habilement placée sur la rive gauche de la Meuse, qui les prend en enfilade. Le Kronprinz est obligé de porter l'offensive également dans ce secteur, élargissant ainsi sa ligne de front.

Le général Pétain renforce l'artillerie française, ce qui va lui permettre d'aligner 1727 canons le 28 mai 1916 contre 2200 canons allemands. Ainsi, nous sommes loin de la disparité du début en artillerie : 281 canons français contre 1257 canons allemands. La troupe française séjourne moins longuement en première ligne que sa rivale allemande, grâce au système Pétain de la relève régulière. Si bien que les soldats français, moins épuisés par les combats, se montrent souvent plus combatifs que les soldats allemands. Une attaque allemande est systématiquement repoussée par une contre-attaque française.

« Courage, on les aura ! »

Le 9 mars 1916, l'armée allemande attaque en direction du

Mort-Homme, une hauteur qui domine le champ de bataille. L'armée française s'y accroche et parvient à repousser l'assaillant. Le Kronprinz tente alors d'élargir le front vers l'ouest, à la cote 304, où les fantassins français parviennent également à enrayer les assauts de l'ennemi.

Le 9 avril 1916, une offensive allemande de grande envergure est brisée par les Français sur la rive gauche. Le général Pétain galvanise la résistance de ses troupes par son célèbre message : « Courage, on les aura ! »

À la fin du mois, du fait de son rôle décisif dans la sauvegarde de Verdun, Pétain est promu au poste de commandant du groupe d'armées du Centre. Il est remplacé à Verdun par le général Nivelle, qui tente aussitôt de reprendre Douaumont, mais l'attaque française se heurte à une résistance acharnée des défenseurs allemands qui parviennent à stopper les assaillants.

La cote 304 : le 7 mai 1916

Les bombardements allemands ont revêtu une effroyable intensité, sur la rive gauche de la Meuse, au moment des derniers efforts allemands pour conquérir la cote 304 et le Mort-Homme. Le lieutenant français Campana, qui se trouve sur la cote 304, le 7 mai 1916, donne un témoignage poignant :

« Sur toute la profondeur de nos défenses, ce jour-là, l'écrasement par l'artillerie, du 210 surtout, est total... Tranchées, abris, tout y passe... Près de moi, un blessé se meurt, le ventre ouvert ; il souffre atrocement et me supplie de l'achever : « Vite, une balle de votre revolver, mon lieutenant. » Je sortis mon arme et je vis dans le regard de mes hommes qu'ils m'approuvaient. J'approche de lui, mais une main me tordit le poignet, celle d'un Père missionnaire, caporal brancardier à la compagnie. « Vous n'avez pas le droit, dit-il, vous ignorez si Dieu ne fera pas un miracle. » Je décide de lui répondre : « Miracle ! Bien emmenez-le à l'arrière, mais je ne crois pas au miracle... »

« Quelques instants plus tard, deux hommes terrorisés se réfugient près de moi pour ne pas céder à la tentation de fuir. Le Père est là, lui aussi, lorsqu'un éclat d'obus le foudroie, et il tombe, un sourire de béatitude sur les lèvres. Puis c'est un crie déchirant, un appel d'un blessé venant de l'avant ! Avec mes deux compagnons, nous nous précipitons, obéissant à une force intérieur qui nous fait oublier le danger. C'est alors le drame : nous fîmes quelques mètres à découvert, puis j'eus la sensation que ma tête et mon corps éclataient ! Lorsque j'ouvris les yeux, des hommes s'empressaient autour de moi, ma capote déboutonnée était inondée de sang noir mélangé de sable. « Suis-je blessés ? » demandai-je. « Non, mon lieutenant, on vous a déterré ; c'est leur sang à eux », et me retournant, je vis les corps de mes deux compagnons affreusement mutilés. Le 210 qui nous avait atteints m'avait – par miracle – épargné. »[27]

L'ultime effort de l'armée allemande

En juin 1916, l'armée allemande, qui veut en finir au plus vite et dont les pertes s'accumulent, redouble d'activité sur la rive droite de la Meuse. Elle s'empare brillamment du fort de Vaux le 7 juin, malgré la résistance héroïque des poilus du commandant Raynald qui se rendent, épuisés en particulier par le supplice de la soif, après avoir repoussés de très nombreux assauts allemands. Les Allemands accordent à la garnison française les honneurs de la guerre. Depuis la fin mai, ce fort a encaissé 8000 obus allemands de tous calibres.

L'infanterie allemande tente ensuite son va-tout dans le secteur de Fleury, fin juin et début juillet. À bout de souffle,

---

[27] *Archives militaires françaises*, Vincennes.

elle parvient à quelques centaines de mètres de la côte de Belleville, qui domine Verdun, mais ne peut progresser au-delà, en se heurtant à une résistance féroce des troupes françaises.

Le combat héroïque du 67e RI dans le bois de Fumin, secteur de Tavanes, illustre parfaitement le succès défensif des troupes françaises, à travers le témoignage du lieutenant Favier :

« 21 juin 1916, 16 heures. La 3e compagnie reçoit ordre de se porter en direction du fort de Vaux, qu'on aperçoit à 1200 ou 1300 mètres. Guidés par le lieutenant Colin, les deux pelotons avancent, par bonds courts et rapides, de trous en trous, mais sont bientôt bloqués par un tir de barrage. Notre ligne flotte et il nous faut nous contenter de tenir sur place jusqu'à 19 heures, où la 7e compagnie vient nous appuyer.

« 22 juin. Les 150 et 210 allemands se mettent de la partie et leurs avions photographies notre ligne. Mauvais présage... Nous souffrons atrocement du manque de sommeil et surtout de la soif.

« 23 juin, 1 heure. Forte odeur de gaz sur nos arrières, indice qui annonce à coup sûr une attaque allemande. Pour isoler notre première ligne avant une attaque, les Allemands déclenchent souvent un tir d'obus toxiques sur nos arrières immédiats, afin d'interdire l'arrivée des renforts.

« 3 heures. L'aube pointe juste et la voici. Bientôt, à ma gauche les grenades pleuvent. Les Allemands attaquent en force. Nous résistions avec vigueur, en repoussant plusieurs assauts. Puis nos munitions s'épuisent... Une seule réaction possible : « En avant, à la baïonnette », et le miracle se produit ; mes hommes qui meurent de faim, de fatigue et de soif trouvent l'énergie de bondir hors de leurs d'obus et de courir sus à l'adversaire, qui, ahuri, fait demi-tour.

« 19 heures. Ordre de réoccuper nos tranchées de départ, où nous serons relevés ce soir par le 19e bataillon de chasseurs à pied (BCP). Quelques jours plus tard, le 67e régiment d'infanterie (RI) était cité à l'ordre de la 2e armée. »[28]

Les contre-offensives françaises

Dès la mi-août 1916, l'armée française passe à la contre-offensive pour dégager Souville et, après les poussées successives des divisions du général Mangin sur l'ouvrage de Thiaumont et la brillante reprise des ruines de Fleury par

---

[28] *Archives militaires françaises*, Vincennes.

le régiment d'infanterie coloniale du Maroc (RICM), le régiment français le plus décoré de la Grande Guerre, les Allemands ont définitivement perdu l'initiative des opérations devant Verdun. Leur opinion publique, naguère si enthousiaste, condamne désormais l'offensive sur Verdun.

Guillaume II, empereur d'Allemagne, remplace Falkenhayn, à la tête du commandement allemand du front occidental, par Hindenburg et Ludendorff, les vainqueurs du front russe, qui décident, le 2 septembre 1916, d'arrêter toute offensive spectaculaire sur Verdun : c'est avec un profond soulagement que, trois jours plus tard, lors de leur passage à Charleville, le Kronprinz, effondré par l'énormité de pertes allemandes à Verdun, vient les en remercier.

En septembre 1916, l'armée française améliore ses positions et se rapproche du fort de Douaumont, que Nivelle compte bien reprendre à la faveur d'une puissante offensive, qui débute en octobre 1916 et semble irrésistible.

Le fort de Douaumont est pilonné par des canons lourds français de 105 mm à 400 mm. Du 19 au 25 octobre, l'artillerie française tire 530 000 obus de 75 mm et 100 000 obus de 155 mm. Les trois divisions françaises du général Mangin – la 38e DI (général Guyot de Salins), la 133e DI (général Passaga) et la 74ᵉ DI (général de Lardemelle) – s'élancent avec une fougue extraordinaire et s'emparent de tous les objectifs, dont principalement le fort de Douaumont, pour des pertes légères et la capture de 6000 soldats allemands lors de l'unique journée du 24 octobre.

Le 2 novembre 1916, la victoire française est complétée par la reprise du fort de Vaux, abandonné par les Allemands. En décembre, un autre assaut permet de récupérer la plus grande partie du terrain perdu depuis février. La bataille de Verdun se termine par une incontestable victoire française. En l'espace de quelques jours, les troupes français reprennent un terrain que l'armée allemande avait mis des mois à conquérir.

Une défaite pour l'Allemagne

Les pertes militaires de la bataille de Verdun sont sensiblement identiques dans les deux camps : 423 000 soldats français et 420 000 soldats allemands tués ou blessés.

« Verdun pour l'Allemagne a bien été une défaite, écrit Louis Cadars. Encore plus nette même que la Marne qu'elle avait expliquée en la présentant comme une méprise du haut commandement, une erreur d'appréciation stratégique de sa part. Car à Verdun l'armée allemande s'est employée à fond, en bourrant sur l'obstacle, sans manœuvres, en engageant tous ses moyens matériels pour forcer la décision. En définitive, nous avons reconquis en quelques jours de bataille presque tout le terrain que l'ennemi avait mis huit mois à conquérir. Donc victoire matérielle et victoire morale pour nous. »[29]

Pour dissimuler son échec, le général von Falkenhayn va chercher à faire croire, après la guerre, que l'offensive allemande ne visait pas essentiellement à gagner du terrain, mais recherchait la mise hors de combat de la France en réalisant la « saignée » de l'armée française, obtenue aux moindres pertes par la supériorité matérielle de l'attaquant. Or même à cet égard, le but capital de l'Allemagne n'a pas été atteint. La bataille d'usure qu'elle se flattait de gagner s'est retournée contre elle. Falkenhayn, en grande partie pour justifier sa stratégie aberrante, a prétendu que les pertes allemandes n'avaient pas dépassé le tiers des pertes françaises et qu'il avait broyé 90 de nos divisions sur la Meuse. Les chiffres condamnent cette affirmation

---

[29] Louis Cadars, *L'année sanglante de Verdun*, Les Cahiers de l'Histoire n°53, février 1966, Paris.

mensongère, pourtant reprise par de nombreux « historiens ».

L'armée française n'a engagé que 66 divisions dans la bataille de Verdun sur ses 106 divisions présentes sur le front occidental en 1916, en effectuant, selon la méthode Pétain, des relèves aussi rapides que possible, en évitant ainsi leur épuisement total, à la différence du commandement allemand qui rivait ses effectifs au secteur de Verdun jusqu'à l'extrême limite de leur capacité de combat.

Les Allemands ont engagé à Verdun 43 divisions, qui ont été décimées par l'artillerie et la résistance acharnée des troupes françaises. À mesure que se développe la bataille, les Allemands sont soumis à la même épreuve que les Français, sans aucun abri sur le terrain conquis et sans possibilité d'en construire sous notre feu. L'artillerie française, si démunie au début de la bataille, met par la suite en action 2000 pièces dont environ 1100 canons de 75 mm et déverse plus de 14 millions d'obus, dont plus de 10 millions d'obus de 75 mm.

Les calculs établis par le commandement allemand prévoyaient des pertes françaises cinq fois plus importantes que celles des troupes allemandes. Or, à la fin de la bataille de Verdun, les pertes s'équilibrent : 423 000 soldats français tués ou blessés sur 66 divisions engagées, contre 420 000 soldats allemands sur 43 divisions.

Verdun a, dans le monde entier, un retentissement moral immédiat et prodigieux. L'armée allemande, réputée invincible, est mise en échec par la vaillance des troupes françaises. Verdun symbolise aux yeux du monde la résistance héroïque de l'armée française, capable de tenir en échec l'armée la plus puissante du monde. Au même titre que la bataille de Stalingrad témoigne de la résistance admirable de l'armée soviétique durant la Seconde Guerre mondiale, Verdun occupe la même place au sein de l'armée française lors de la Grande Guerre.

L'armée allemande comptait vaincre la France à Verdun, elle n'a fait que rendre le légendaire poilu plus combatif, offrant à l'armée française un prestige inégalé aux yeux du monde à l'époque.

VII

LA BATAILLE DE LA SOMME
JUILLET-NOVEMBRE 1916

L'offensive de la Somme, décidée par le général Joffre dès décembre 1915, doit permettre de percer les défenses allemandes, quitter l'enfer des tranchées pour retrouver le terrain libre et la guerre de mouvement.

L'offensive allemande sur Verdun en février 1916 repousse l'opération sur la Somme pour un temps. L'objectif demeure cependant le même : la rupture du front et au minimum l'usure de l'adversaire, tout en soulageant les Français de la pression allemande sur Verdun.

Le choix de la Somme

Le général Douglas Haig, commandant des troupes britanniques sur le front français, ne cache pas sa préférence pour une offensive dans les Flandres, car elle offre, en la combinant avec l'appui de la flotte, la perspective de détruire la base sous-marine allemande d'Ostende et les batteries de la côte belge. Finalement, Haig finit par se rallier au choix de Joffre, qui lui démontre que les inondations rendent Ostende difficilement abordable. De plus, une orientation de l'offensive britanniques dans les Flandres aurait amoindri la présence française, absolument nécessaire pour la conquête du terrain, du fait de la grande expérience de son infanterie, sans parler de la puissance de son artillerie. Il est donc décidé que l'offensive se déroulera sur la Somme le 1er juillet 1916, date à laquelle Haig disposera d'effectifs suffisamment importants.

Le plan initial prévoit que l'opération doit avoir lieu sur un front de 70 kilomètres, de Foucaucourt à Thiépval : 43 kilomètres au sud de la ligne Curlu-Combles-Sailly-Saillisel seront à la charge du groupe d'armées Foch, avec 35 divisions françaises ; 27 kilomètres au nord du saillant de Maricourt incomberont aux armées britanniques avec 25 divisions.

Un terrain difficile à l'offensive

Le secteur sur lequel doivent attaquer les 60 divisions alliées n'est pas facile. Le terrain est truffé de villages, érigés par les Allemands en autant de forteresses, avec quelques collines qui permettent aux défenseurs de surveiller le va-et-vient de l'adversaire. À cet aspect de cloisonnement inextricable des localités, où les Allemands tiennent toutes les positions dominantes, vient s'ajouter la forme défavorable du tracé de la position de départ, résultant du saillant de Maricourt, où se raccordent les deux armées alliées à angle droit, les Britanniques face au nord, les Français face au sud. Cette situation condamne les deux alliés à des efforts divergents. On tente de remédier à cette situation précaire en demandant aux Anglais de prendre à revers les défenses de Mametz.

La puissance des défenses allemandes

Les puissantes défenses allemandes de la Somme représentent un ensemble extrêmement bien organisé en profondeur. La première position comprend de nombreuses lignes de barbelés, des tranchées, souvent bétonnées, un labyrinthe d'abris profonds comportant tout le confort moderne, des nids de mitrailleuses, des casemates. Une seconde ligne intermédiaire protège des batteries d'artillerie de campagne, capables d'appuyer rapidement l'infanterie de première ligne, tout en offrant une zone de repli éventuels pour les fantassins. Une troisième position offre des moyens défensifs aussi puissants que la première ligne.

À l'arrière se trouvent des bois et des villages fortifiés, reliés par des boyaux, de façon à former une quatrième ligne de défense largement bétonnée. Les villages et les boqueteaux sont de puissants points d'appui qui se flanquent mutuellement.

Les forces en présence sur la Somme

Malgré l'offensive allemande sur Verdun en février 1916, Joffre maintient son projet d'attaque sur la Somme. Mais la nécessité de renforcer le front de Verdun l'oblige à réduire progressivement la participation française sur la Somme, en demandant à Haig de renforcer la sienne.

Cependant, même si l'armée britannique prend une part importante à cette offensive, nous sommes loin des affirmations tonitruantes de certains auteurs anglais qui passent sous silence la participation française à cette offensive. Le front d'attaque ramené à 41 kilomètres, comprend 14 divisions françaises sur 16 kilomètres et 26 divisions britanniques sur 25 kilomètres. L'artillerie française met en ligne 1571 canons, tandis que l'armée britannique en aligne 1335, soit un total de 40 divisions alliées et 2906 pièces d'artillerie. Non seulement l'armée française supporte la totalité du poids de la bataille de Verdun côté allié, mais elle engage la majorité de l'artillerie alliée sur la Somme et près de la moitié des divisions engagées en première ligne. Les troupes françaises maintiennent en réserve 8 divisions, ce qui porte la totalité des divisions françaises présentes sur la Somme à 22 divisions, soit presque autant que la totalité des 26 divisions britanniques.

De son côté, l'armée allemande défend le secteur menacé avec 8 divisions en première ligne, 13 divisions en réserve et 844 pièces d'artillerie. Si l'on prend en considération la totalité des forces engagées, on obtient 26 divisions britanniques, 22 divisions françaises et 21 divisions allemandes : la présence française est donc loin d'être négligeable. Autre fait important à noter, l'artillerie lourde alliée est très majoritairement française, avec 854 pièces, tandis que l'artillerie lourde britannique se limite à 467 canons. Les troupes françaises disposent également de 1100 mortiers de tranchées, alors que l'armée britannique en aligne nettement moins. Comme on peut alors le constater par les chiffres, la place française dans cette offensive, prétendument britannique, est considérable, aussi bien en infanterie qu'en puissance de feu.

Le plan de l'offensive

Au centre, à cheval sur la Somme, la 6e armée

française du général Fayolle est chargée de l'effort principal, au nord du fleuve, en direction de Bouchavesnes avec le 20e corps d'armée du général Balfourier et, au sud, en direction de Péronne avec le 1er corps d'armée colonial du général Berdoulat et le 35e corps d'armée du général Jacquot. Cette attaque est couverte au sud par la 10e armée française du général Micheler, agissant, dans le Santerre, vers Berny et Ablaincourt.

Au nord, l'action britannique est menée par la 4e armée du général Rawlinson qui, forte de 5 corps d'armée, attaquera en direction de Longueval. Elle sera appuyée au nord par la 5e armée du général Gough, qui s'engagera sur l'axe Pozières-Flers-Gueudecourt.

La nouvelle tactique du général Foch

Parfaitement conscient de la puissance de la défense allemande, le commandement allié est bien décidé de ne pas commettre les mêmes erreurs tactiques qu'en 1915.

Le général français Foch, commandant le groupe d'armées du Nord, en accord avec le britannique Haig, met au point un nouvel ensemble de principes d'attaque :

« Pour faire brèche, écrit Foch, il s'agit d'abord, à coups d'artillerie aussi puissants que possible, d'abattre la défense ennemie par pans successifs. Ainsi, les attaques menées sur des fronts initiaux, étroits mais bénéficiant d'un appui maximal, se combinent et se complètent pour assurer le succès de l'ensemble.

« L'infanterie elle-même doit s'adapter à un mode de combat nouveau : il ne s'agit plus d'une ruée à travers les lignes ennemies, mais d'un combat organisé, conduit d'objectif en objectif, toujours avec une préparation d'artillerie exacte et par conséquent efficace. »[30]

L'expérience française et l'inexpérience britannique

Dans l'application de la tactique de Foch, on constate cependant d'importantes différences entre les deux armées alliées. À côté des dispositifs souples et légers des Français, le commandement anglais présente des formations figées et lourdes, qui forment des cibles magnifiques pour l'adversaire.

En 1916, l'armée britannique en France manque cruellement d'expérience. Les soldats professionnels de 1914 ont été en grande partie mis hors de combat, si bien

---

[30] *Archives militaires françaises*, Vincennes.

que la majorité des effectifs se compose de volontaires des forces territoriales qui manquent de formation et d'expérience au feu. Les troupes françaises ont une maîtrise de la guerre inégalée du côté des Alliés sur le front occidental. L'artillerie française ajuste parfaitement le barrage roulant de ses tirs pour soutenir l'infanterie, alors que son homologue britannique manque également d'expérience dans ce domaine.

D'après l'écrivain allemand Ernst Jünger, combattant d'élite de la Grande Guerre au sein des troupes d'assaut, quatorze fois blessés et décoré de la croix pour le Mérite (la plus haute décoration militaire allemande), « l'armée française de 1916, forte de son expérience de plus de 17 mois de guerre, représentait la meilleure armée alliée du fait de la qualité exceptionnelle de ses combattants, aussi bien en infanterie qu'en artillerie. Le soldat britannique, malgré sa vaillance au feu, n'avait pas la même expérience que le soldat français, qui se battait en plus sur son sol pour défendre son territoire. Les assauts de l'infanterie françaises semblaient irrésistibles, malgré la puissance de feu de notre armement. Sur le plan défensif, le soldat français pouvait conserver sa position jusqu'à la mort. Il avait également une endurance remarquable malgré les privations de toutes sortes et les terribles souffrances de la guerre de tranchée.

L'armée française de l'époque se composait majoritairement de paysans, habitués à la vie rude de la campagne. Lors des combats à la baïonnette, le soldat français se révélait un redoutable combattant, un véritable tueur, de la même valeur que son ancêtre de l'armée napoléonienne du Premier Empire ».[31]

Échec sanglant des Britanniques et succès complet des Français

Dans le secteur britannique, au sud de Bapaume, la préparation d'artillerie, initialement prévue pour cinq jours, débute le 24 juin 1916, s'intensifie les jours suivants jusqu'au 1er juillet. À partir de 6 heures 25, ce 1er juillet, les tirs d'artillerie atteignent une cadence de 3500 coups par minute, produisant un bruit si intense qu'il est perçu jusqu'en Angleterre ! À 7 heures 30, au coup de sifflet, l'infanterie britannique franchit les parapets, baïonnette au canon, part lentement à l'assaut des tranchées allemandes.

Les fantassins britanniques sont lourdement chargés avec plus de 30 kg d'équipement. Face aux Britanniques, les défenses allemandes ont peu souffert du fait de la faiblesse

---

[31] *Archives militaires allemandes*, Fribourg-en-Brisgau.

de l'artillerie lourde anglaise, limitée à 467 canons de gros calibres. Les Allemands accueillent avec des tirs de mitrailleuses les Britanniques qui sont fauchés en masse. Les officiers, particulièrement repérables, sont particulièrement visés. On estime à 30 000 le nombre des victimes britanniques (tués ou blessés) durant les six premières minutes de la bataille ! Ce 1er juillet 1916 est le jour le plus meurtrier de toute l'histoire militaire britannique. Les Allemands sont stupéfaits de voir les Britanniques attaquer au pas lent, selon le règlement absurde de l'armée anglaise de l'époque.

Le commandement anglais craint que son infanterie perde le contact en courant et en se dispersant. Persuadés que les défenses allemandes sont anéantis par l'artillerie, les officiers britanniques exigent que leurs hommes avancent au pas de marche.

À midi, l'état-major annule cet ordre et retient les vagues d'assaut suivantes. On compte pour cette première journée 20 000 tués et 40 000 blessés, sur 100 000 soldats britanniques engagés, pour des gains territoriaux presque nuls ! Lorsque les rares soldats britanniques arrivent aux tranchées allemandes, ils sont trop peu nombreux pour résister à une contre-attaque. Certaines unités ont perdu

91% de leurs effectifs ! Les jours suivants les troupes britanniques piétinent devant les tranchées allemandes, truffées de mitrailleuses qui fauchent par milliers les assaillants.

Quel contraste avec le brillant succès de l'armée française, au sud de Péronne. La bataille de la Somme a été préparée par les généraux français dans les moindres détails. Une imposante artillerie lourde est présente. Les fantassins français sont équipés légèrement pour progresser rapidement. La puissance de feu des unités d'assaut a été considérablement renforcée : fusils lance-grenades, fusils mitrailleurs, mise en place d'une compagnie de 8 mitrailleuses par bataillon, artillerie de soutien avec des canons de 37 mm et des mortiers de divers calibres. La liaison entre l'infanterie et l'artillerie est parfaite. L'aviation de chasse française doit également appuyer l'infanterie. Enfin, l'évacuation des blessés est considérablement améliorée.

« Alors que les Britanniques souffrent tant le 1er juillet 1916, écrit Yves Buffetaut, les Français enregistrent des pertes très légères. Ainsi, une division entière ne perd que 200 hommes le premier jour. Plusieurs villages sont capturés aisément et les hommes ont l'impression d'y

« entrer comme dans du beurre ». En quelques jours de combat, la 6ᵉ armée française avance de 10 kilomètres sur un front de 20 kilomètres et capture 12 000 hommes, 255 officiers, 85 canons, 26 mortiers, plus de 100 mitrailleuses. »[32]

L'infanterie française est entièrement maîtresse du plateau de Flaucourt qui lui a été assigné comme objectif et qui constitue la principale défense allemande de Péronne. Devant la menace française d'une percée des positions ennemies, 35 divisions allemandes sont appelées en renfort sur le front de la Somme. Durant la même période, les Britanniques ne parviennent qu'à s'emparer des bois de Mametz, au nord de Contalmaison, où seulement 1000 soldats allemands sont capturés, pour une progression d'à peine 3 kilomètres.

La splendide bravoure des soldats britanniques

Le commandement allemand reconnaît cependant la splendide bravoure des soldats britanniques. Le 1er juillet 1916, la 8e division anglaise du général Hudson a mission

---

[32] Yves Buffetaut, *Atlas de la Première Guerre mondiale*, éditions Autrement 2005.

d'enlever l'éperon d'Ovillers, entre Thiepval et La Boiselle, et de poursuivre sur Pozières. Un officier allemand du 108e RI, qui lui fait face, raconte le combat en ces termes :

« Tous comprirent que le violent bombardement préludait à l'attaque, tant attendue, de l'infanterie anglaise. Dans les abris, les hommes, des grenades à la ceinture, le fusil à la main, sont prêts à bondir à leurs postes dès que le tir s'allongera. À 7 heures 30 l'ouragan de projectiles cesse brusquement ; nos hommes occupent en toute hâte les entonnoirs les plus proches, où les mitrailleuses sont mises en batterie. On voit de longues rangées d'hommes sortir des tranchées ennemies ; leur ligne continue et suivie de quatre autres semblables. Lorsque les Anglais parvinrent à 100 mètres nous ouvrîmes le feu, tandis que notre barrage s'abattait sur les assaillants.

« Le soldat anglais ne manque pas de courage et quand il commence quelque chose on ne l'en détourne pas facilement. Sans arrêt, pendant des heures, les lignes d'infanterie vinrent battre contre nos défenses comme la mer contre une falaise... mais pour refluer, comme elle, vers son point de départ. »[33]

L'enlisement final et le courage au quotidien

La brillante progression des troupes français ne dure pas en raison de l'échec de l'armée britannique. L'avance française ne peut se développer seule, si bien que le rythme ralentit. Les Allemands, constamment renforcés en effectifs, se ressaisissent et, à compter du 20 juillet 1916, une bataille d'usure commence. Elle va durer cinq mois, avec des pertes de plus en plus lourdes et des gains territoriaux de plus en plus réduits. La bataille s'enlise sous la pluie et dans la boue.

Cependant, fin juillet, les Britanniques se ressaisissent par endroits, après une nouvelle préparation d'artillerie. L'armée anglaise du général Rawlinson, soutenue par le 20e corps d'armée français (CA), s'empare sur 4 kilomètres de la deuxième position allemande : Ovillers, La Boiselle, Contalmaison, Bazentin-le-Grand et Longeval sont occupés, tandis que le 20e CA français enlève Hardecourt et se relie au 1er corps d'armée colonial

---

[33] *Archives militaires allemandes*, Fribourg-en-Brisgau.

français devant Cléry-sur-Somme.

Le 27 juillet, les troupes australiennes s'emparent du puissant point d'appui de Pozières. La bataille connaît ensuite une longue période de temps mort, afin de renforcer les effectifs décimés. Le 24 août, les Français du 1er CA enlèvent le village de Maurepas, lors d'une brillante action conduite par le bataillon du commandant Frère :

« La conquête du village de Maurepas, raconte un témoin, est confiée au 2e bataillon du 1er RI, aux ordres du commandant Frère, jeune chef de 35 ans, connu dans tout le corps d'armée comme un extraordinaire entraîneur d'hommes. Il aime à porter un légendaire calot de drap rouge offert par ses officiers, en souvenir de ses dix années de campagne dans le Sud-Ouranais.

« Le 24 août à 16 heures, les compagnies occupent leur base de départ et à 17 heures 45 Frère franchit le parapet. Les mitrailleuses allemandes se mettent à cracher, mais le commandant Frère, ôtant son casque et coiffant tranquillement son calot rouge, se retourne vers nous et nous crie dans le vacarme : « Maintenant, mes amis, en avant pour la France », et la 7e compagnie, d'un bond, surgit face à l'ennemi. L'affaire sera particulièrement rude ; les défenseurs combattront avec acharnement jusqu'au bout et ce n'est que dans la matinée du 25 que Maurepas restera aux mains des Français.

« Comme l'a rappelé plus tard le général Weygand dans un ouvrage consacré à sa mémoire, Frère, héros de l'infanterie française aux 10 citations, devenu en 1942 chef de l'Organisation de Résistance de l'Armée (ORA), finira comme martyr deux ans plus tard, au camp de concentration nazi du Struthof. »[34]

Les tanks utilisés pour la première fois

En septembre 1916, les troupes franco-britanniques repartent à l'assaut sur la Somme. Dans le secteur de Flers-Martinpuich, les tanks anglais Mark I sont utilisés pour la première fois. Il s'agit d'un monstre de 30 tonnes d'acier, roulant avec ses chenilles à 6 km/h et pouvant parcourir 20 kilomètres de terrain sans être ravitaillé en carburant. L'équipage va de 4 à 7 hommes, de même que l'armement se compose de 5 mitrailleuses, ou de 2 canons de 57 mm et de 4 mitrailleuses.

À l'aube du 14 septembre 1916, l'objectif est une

---

[34] *Archives militaires françaises*, Vincennes.

position ennemie établie en profondeur et renforcée par d'importants nids de mitrailleuses. Les tanks s'ébranlent, précédant les vagues de fantassins britanniques. Des 49 tanks prévus, 32 seulement parviennent à gagner leur emplacement de départ : les autres sont soit tombés en panne, soit enlisés dans la boue ou égarés dans l'obscurité. L'attaque à peine déclenchée, d'autres tanks tombent en panne ou restent bloqués dans des cratères d'obus. Finalement 9 blindés d'arrière-garde et 9 autres de première ligne prennent seuls une part active à l'assaut. L'effet psychologique chez les Allemands est cependant extraordinaire. C'est la panique dans les tranchées qu'abordent les monstres d'acier avec le feu dévastateur de leurs armes. Un tank attaque à lui seul une usine transformée en fortin et parvient à mettre hors de combat tous les défenseurs. La journée est un incontestable succès. L'effet produit sur le moral ennemi est extrêmement puissant. Les villages de Flers et de Martinpuich sont conquis, avec la capture de nombreux prisonniers.

Les jours suivants, les Allemands sont encore refoulés au-delà de la ligne Bouchavesne-Thiepval. La lutte se poursuit sans relâche jusqu'au 15 octobre 1916. Les Britanniques sont alors en possession des hauteurs de Barlencourt et de la ligne Gueudecourt-Lesboeufs-Morval. Les Français, qui, au cours de combats acharnés, ont réduits les défenses de Combles et de la ferme Saint-Priez, sont maîtres de Sailly-Saillisel et des abords de Saint-Pierre-Vaast.

L'offensive s'enlise par la suite dans la boue et le sang. Novembre ne voit plus que des attaques partielles pour conquérir des points d'appui ou des observatoires comme Le Sars, Ablaincourt, Beaumont-Hamel. La boue fait arrêter toutes les opérations. Les soldats s'enlisent sans pouvoir en sortir. Le paysage devient un désert bourbeux que les combattants britanniques, les Tommies, qualifient de « porridge »...

Un bilan mitigé

En cinq mois, de juillet à novembre 1916, les Alliés ont progressé de 12 kilomètres sur le front de la Somme et conquis 25 villages, transformés en bastions. Les Britanniques ont fait 31 100 prisonniers, pris 131 canons, 111 mortiers et 453 mitrailleuses. Les Français ont capturé 42 000 soldats allemands, 172 canons, 104 mortiers et 535 mitrailleuses. Pour de tels résultats, les Britanniques comptent 453 000 soldats hors de combat, dont 207 000 tués. Les Français déplorent 202 600 soldats hors de combat, dont 67 000 tués. Avec des pertes nettement moins lourdes, l'armée française a obtenu des résultats supérieurs à l'armée britannique. Les Allemands ont perdu 537 000 soldats, dont 170 000 tués. Il convient de noter que 60% des pertes allemandes sur la Somme l'ont été face aux troupes françaises : environ 322 000 soldats allemands tués ou blessés contre 202 600 soldats français.

L'offensive alliée sur la Somme soulage incontestablement l'armée française à Verdun. Le relâchement de l'étreinte allemande sur la Meuse permet aux Français de passer à la contre-offensive en octobre et en décembre à Verdun. Pour les Alliés, le résultat le plus important de la bataille de la Somme est de consacrer la reprise de l'initiative des opérations sur le front français. D'autre part, c'est sur la Somme que le soldat britannique s'aguerrit, finit par acquérir des qualités militaires qui lui permettront d'intervenir de façon efficace dans la victoire finale en 1918.

Cependant, il ne faut pas oublier que l'objectif final de cette offensive, à savoir la percée définitive des défenses allemandes, a échoué une fois de plus, malgré des gains territoriaux non négligeables.

VIII

LA BATAILLE DU CHEMIN-DES-DAMES – LA MALMAISON AVRIL-NOVEMBRE 1917

À en croire l'historiographie anglo-américaine, l'armée français n'aurait subi que des échecs en 1917. De nombreuses mutineries l'auraient même paralysée dans son ensemble... L'offensive française du Chemin-des-Dames d'avril 1917, sur 30 kilomètres de front entre Soissons et Reims, est souvent présentée comme un désastre sans précédent : boucherie inutile, marquant le déclin militaire français, sauvé in-extremis par l'intervention américaine en 1918. Or, ce sombre tableau médiatisé à l'extrême lors des commémorations télévisuelles ne correspond en rien à la réalité de faits.

Un demi-succès sur le terrain

Après ses succès à Verdun à la fin de l'année 1916, le général Nivelle devient commandant en chef de l'armée française, succédant ainsi à Joffre à ce poste primordial.

Au début de l'année 1917, sur 167 divisions alliés engagées sur le front occidental, 106 divisions sont françaises. Tout comme Joffre, Nivelle pense pouvoir enfoncer le front allemand, en utilisant massivement l'artillerie lourde, afin de pulvériser les défenses allemandes. L'infanterie française n'aura plus qu'à occuper les lignes allemandes dévastées par les obus de gros calibres. Tactique somme toute assez proche des Allemands à Verdun en février 1916. Pour Nivelle, l'échec offensif allemand à Verdun est lié à l'insuffisance des moyens en artillerie lourde. Désirant en finir avec la guerre des tranchées, il masse sur un front de 30 kilomètres, entre Soissons et Reims, 60 divisions françaises, appuyées par 2 700 pièces d'artillerie lourde et 2300 canons de 75 mm, sans oublier 194 chars d'assaut. En face, l'armée allemande aligne 40 divisions et 2500 pièces d'artillerie de moyens et gros calibres.

L'infanterie française doit avancer sur le pas d'un barrage roulant d'artillerie au rythme élevé, ce qui suppose une avance rapide des fantassins. L'offensive est prévue pour le 16 avril 1917, précédée, le 9, d'une attaque britannique de diversion à Arras, afin d'attirer les réserves allemandes. Malgré les réticences de certains ministres français comme Painlevé, prêchant la prudence, Nivelle assure que la percée en profondeur sera assurée. Mangin est d'accord avec lui, alors que Pétain se montre hostile et va même jusqu'à prévoir un grave échec. Nivelle menace de donner sa démission, si bien qu'il obtient rapidement gain de cause : l'offensive aura lieu.

L'artillerie française tire 5 millions d'obus de 75 et 2 millions d'obus de gros calibres durant deux jours. Les tirs sont cependant très imprécis en raison du mauvais temps. De très nombreuses unités allemandes se trouvent abritées dans d'immenses et profondes galeries et carrières souterraines que l'artillerie française ne peut détruire. Le lieutenant français Ybarnegaray résume l'échec de l'offensive Nivelle en quelques mots : « À six heures, la bataille est engagée ; à sept heures, elle était perdue. »[35]

Les causes de l'échec, parfaitement analysées par Yves Buffetaut, sont multiples : « Tout d'abord, aucun effet de

---

[35] *Archives militaires françaises*, Vincennes.

surprise n'a joué. Des bruits couraient dans Paris depuis des semaines, donnant à la fois le lieu et le jour. Les Allemands avaient découvert le plan d'attaque sur le corps d'un sous-officier français. Le jour de l'offensive, le temps est détestable, avec la pluie et de la neige fondue, ce qui gêne les tirs et paralyse les troupes coloniales. Enfin, l'artillerie ne parvient pas à détruire les défenses allemandes. »[36]

Le 16 avril 1917, à l'aube, l'infanterie française se lance à l'assaut avec fougue. L'attaque démarre remarquablement, mais se heurte presque aussitôt aux feux de flanc des mitrailleuses allemandes sous abris bétonnés. En fin de journée, rien de décisif n'a été obtenu. Les fantassins français sont décimés par les mitrailleuses. L'ennemi a partout résisté, son artillerie reste puissante, son aviation très active et ses réserves peuvent entrer en jeu. Ainsi au soir de ce 16 avril, la percée tant escomptée n'a pas été réalisée. La division Marchand a bien enlevé la première position allemande et quelques compagnies descendent même dans la vallée de l'Ailette, pour être fauchées par les tirs d'enfilade des Allemands. Le 2e corps colonial subit un véritable massacre : 6300 tirailleurs

---

[36] Yves Buffetaut, op.cit.

sénégalais tués sur 10 000 engagés ! Dans le secteur de Laffaux, les progrès ne dépassent pas 500 mètres. Dans la plaine de Juvincourt, les chars français Schneider et Saint-Chamond enlèvent la première position, mais sont ensuite détruits par l'artillerie allemande. Le seul vrai succès obtenu est celui du groupe d'armée du général Pétain qui s'empare des monts de Champagne à l'est de Reims. La bataille se poursuit jusqu'au 5 mai en une lutte stérile pour la conquête de quelques centaines de mètres de terrain, où attaques et contre-attaques se succèdent dans les deux camps. La progression française ne dépasse pas cinq à dix kilomètres et se solde par la mise hors de combat 187 000 soldats français (tués ou blessés) contre 163 000 soldats allemands tués ou blessés. Les troupes françaises ont également capturé 22 000 soldats ennemis, 107 canons et 300 mitrailleuses.

L'offensive française n'est en rien un désastre. Les pertes allemandes sont proches des pertes françaises. L'armée française n'a pas reculé et à même progressé de dix kilomètres par endroits. La 4e armée du général Anthoine, placée sous les ordres du général Pétain, a pu conquérir plusieurs hauteurs à l'est de Reims, comme les monts Cornillet (208 mètres), Haut (257 mètres), Le Casque (242 mètres), Téton, Blond, Sans Nom, ainsi que le village d'Auberive. La 5ᵉ armée du général Mangin s'est emparée de plusieurs localités à l'est de Soissons, comme Laffaut, Moulin, Jouy, Condé, Chavonne, Ostel, Braye et Cerny. Avec 187 000 soldats français tués ou blessés nous sommes loin des terribles pertes britanniques sur la Somme en 1916 (453 000 soldats hors de combat) pour des résultats territoriaux assez identiques. Les chiffres les plus fantaisistes au sujet des pertes françaises ont circulé. Or il n'y a jamais eu 250 000 soldats français tués au Chemin-des-Dames. Même si les pertes sont importantes, nous sommes loin des rumeurs les plus fantaisistes.

Dans le secteur d'Arras, lieu même de l'offensive britannique de diversion, les assauts sont arrêtés au bout de six jours (9-14 avril 1917) et aucune percée en profondeur n'est réussie, malgré la brillante conquête de la crête de Vimy par les Canadiens. La progression britannique est cependant marquée par une avance de 8 kilomètres par endroits et la capture de 13 000 soldats allemands. Les pertes britanniques, liées à un manque d'expérience de la guerre moderne, sont énormes pour des résultats limitées : 355 000 soldats tués ou blessés !

Bien entendu l'historiographie anglo-américaine se focalise sur la bataille du Chemin-des-Dames pour faire oublier celle du secteur d'Arras, afin de mieux souligner l'échec des troupes françaises. Or, à la lumière des faits présentés précédemment, cette offensive du général Nivelle est davantage un demi-succès tactique qu'une défaite retentissante. Certes, la percée n'est pas effectuée, mais les pertes sont sensiblement identiques dans les deux camps et la progression en divers endroits est avérée.

Pétain rétablit la situation

L'historiographie anglo-américaine se focalise ensuite sur les mutineries qui auraient frappé massivement l'armée française après la bataille du Chemin-des-Dames, au point de la rendre inopérante par la suite.

Lorsque le 10 mai 1917, le général Philippe Pétain est nommé commandant en chef de l'armée française à la place de Nivelle, la situation n'est pas aussi tragique que le prétendent nombre « d'historiens ». Pétain trouve certes son armée abattue par de terribles pertes (3 360 000 soldats tués ou blessés de 1914 à 1917) et dans un état de profond malaise : 46 divisions sur 106 ont été affectées par des actes collectifs de rébellion. Les poilus sont bien décidés à défendre le sol national mais ne veulent plus être lancés dans des offensives inutiles et suicidaires. Trop de tués et de blessés pour des résultats limités, trop de promesses de percées définitives jamais réalisées.

Les actes collectifs de rébellion en 1917 sont de 10 du 22 avril au 25 mars, 80 du 29 mai au 10 juin, 20 du 11 juin au 2 juillet, 5 du 3 au 24 juillet, 3 en août, 1 seul en septembre. Les cas graves de rébellion ont notamment affecté 79 régiments d'infanterie sur 318. Les condamnations prononcées par les tribunaux militaires ont touché 23 889 militaires sur environ 2 millions de soldats affectés aux 106 divisions françaises. Sur ce chiffre de militaires condamnés, le plus grand nombre, souvent des combattants chevronnés, a pu se réhabiliter au front.

Quant aux chiffres des mutins passés par les armes, il a donné lieu aux légendes les plus fantaisistes. Sur 412 peines de mort prononcées, seules 55 ont été suivies d'exécution pour crimes militaires, voire de droit commun, caractérisés.

Pétain ramène le calme en un mois, sans que les Allemands se rendent compte de quoi que ce soit. Il améliore considérablement le quotidien des soldats. En mettant fin aux attaques coûteuses en vies humaines, il rétablit la confiance de l'armée. Il constate que le poilu est souvent mal nourri, mal installé à l'arrière après ses séjours en ligne, que le système des permissions tant désirées fonctionne d'une façon irrégulière, et que l'échec de la dernière offensive du général Nivelle a d'autant plus brisé le ressort de la troupe qu'elle en a attendu, avec la victoire, la fin du cauchemar.

Les remèdes du général Pétain sont simples : « L'alimentation sera surveillée de très près, les cuisines roulantes rapprochées des premières lignes. Des cantonnements salubres seront partout aménagés à l'arrière et réservés en priorité aux unités descendant du front. La vente du vin sera rigoureusement contrôlée et les mercantis impitoyablement chassés des coopératives. Les permissions seront strictement réglées à raison de dix par jours tous les quatre mois, suivant un tour préétabli et connu de tous, et les gares où transitent les permissionnaires se feront plus accueillantes. La noria des divisions sera étudiée soigneusement, en vue d'une alternance régulière des séjours en ligne, au repos et à l'instruction. Il s'agit également de réapprendre à sa battre, suivant des méthodes nouvelles, à une troupe trop longtemps enlisée dans la routine comme dans la boue des tranchées. Il faut multiplier écoles et stages, organiser de courtes manœuvres pour les unités de corps. »[37]

Le général Pétain visite, de juin à juillet 1917, près de 90 divisions françaises, parle aux généraux, aux cadres et aux hommes. Tout en consacrant l'essentiel de son attention à la remise en condition de l'armée, Pétain n'entend pas la laisser dans l'oisiveté. L'ennemi se charge, d'ailleurs, de tenir les troupes françaises en éveil. Du 3 juin au 31 juillet 1917, les troupes allemandes lancent de nombreux assauts au mont Cornillet, sur le plateau de Californie, au Doit d'Hurtebise et autour de la grotte du Dragon. Les soldats français résistent opiniâtrement et conservent leurs positions.

Fidèle à son principe de redonner à l'armée française toute sa confiance, Pétain lance en août 1917, à Verdun, sa première offensive destinée à compléter les succès des 24 octobre et 15 décembre 1916. L'opération est menée d'Avocourt à Bezonvaux, sur un front de 18 kilomètres, par la 2e armée française du général Guillaumat. Après dix jours d'une puissante préparation d'artillerie (un canon tous les 6 mètres, soit 6 tonnes de munitions au mètre courant),

---

[37] *Archives militaires françaises*, Vincennes.

l'attaque débouche, le 20 août, sur les positions de la 5ᵉ armée allemande du général von Gallwitz. Le 25, les côtes de l'Oie et du Talou, le village de Samogneux sont conquis. Les soldats français parviennent même aux lisières de Beaumont. C'est un succès complet, pour des pertes françaises limitées (3500 tués ou blessés) et la mise hors de combat de 22 000 soldats allemands.

La Malmaison : la revanche du Chemin-des-Dames

La grande idée de Pétain est de revenir à ce Chemin-des-Dames, source de tant de maux dont le souvenir doit être effacé. La 6ᵉ armée française du général Maistre est chargée de l'opération, afin de refouler sur 12 kilomètres le front allemand au sud de l'Ailette : c'est le combat de La Malmaison. Sur un front de 12 kilomètres, les troupes françaises engagent 8 divisions, 2000 pièces d'artillerie, trois groupes de chars d'assaut. Les Allemands opposent 9 divisions et 1000 canons ou mortiers. Organisée dans ses moindres détails, l'offensive de La Malmaison est le cas concret de la nouvelle tactique d'infanterie mise au point par Pétain et caractérisée par une adaptation systématique des objectifs aux moyens.

Le 23 octobre 1917, les divisions françaises attaquent chacune sur un front de l'ordre de 1500 mètres, avec leurs trois régiments accolés, dont les bataillons, en colonne, se relèveront sur chaque objectif intermédiaire. Ainsi, une véritable noria d'unités fraîches maintiendra la puissance du coup de boutoir. Les artilleries divisionnaires ayant été triplées, chaque bataillon d'attaque est précédé d'un barrage roulant alimenté par deux groupes d'artillerie. L'offensive se déroule remarquablement, avec des pertes extrêmement légères chez les Français.

Le 23 octobre 1917, à 6 heures, trois quart d'heure après le départ de l'attaque, le fort de La Malmaison est enlevé sans coup férir par un bataillon du 4e régiment de zouaves aux ordres du commandant et futur général Henri Giraud. Le 24, la 126e division d'infanterie occupe le plateau de Moizy jusqu'au mont des Singes. Le 25, les chasseurs alpins du général Brissaud-Desmaillet (66e DI) atteignent Pargny et patrouillent sur l'Ailette, où, le 2 novembre, les Allemands se replient après avoir abandonné aux troupes françaises victorieuses 12 000 prisonniers, dont 200 officiers, 750 mitrailleuses, 210 canons et 222 mortiers. Les pertes militaires françaises se limitent à 4000 tués ou blessés. Les Allemands déplorent également 8000 tués et 30 000 blessés. Un véritable triomphe par l'armée française, qui a progressé de 12 kilomètres : 4000 soldats français hors de combat contre 50 000 soldats allemands, en comptant les prisonniers.

L'année Pétain

Le Pétain de 1917 a incontestablement redonné à l'armée française ses lettres de noblesse. Un rapport militaire du 10 novembre 1917 dresse le constat suivant :

« Pour la troupe comme pour le hommes politique, le général Pétain apparaît un « havre de grâce ». Face au problème de la guerre, il réévalue à froid ses moyens, réagit contre l'irréalisme de son prédécesseur et décide d'appliquer une nouvelle tactique offensive, plus puissante en artillerie et en chars d'assaut. Face au problème moral, il résiste à ceux qui veulent maintenir une autorité inhumaine. Il n'étouffe pas les cris, il les écoute, puis les assourdit peu à peu ; il sait éteindre directement et sans brutalité la pâte humaine. Par contre, il s'oppose à ceux qui contrarient l'action du commandement en acceptant des revendications anarchiques et il n'hésite pas à condamner certains articles excessifs de la presse « patriotarde » qui portent, eux aussi, atteinte au moral de l'armée. Lors de cette crise qui a secoué le pays, l'armée française a le rare bonheur d'être dirigée par un chef remarquable, qui sait comprendre sa souffrance et lui rendre la conscience de sa mission.

« Remarquable, Pétain l'est par son allure même : de haute stature, bâti en force, insensible à la fatigue, il s'impose par la majesté naturelle de son maintien comme par la froideur calculée de son accueil. Remarquable, il l'est par la somme des dons de l'esprit qui révèle dans un visage de marbre un regard intensément expressif. En fait, il y a alors chez lui une coexistence de facultés humaines, dont il joue avec le plus sûr instinct selon les circonstances. C'est essentiellement une énergie exempte de brutalité, une ténacité qui n'est pas entêtement, une sensibilité sans faiblesse et une doctrine d'action constamment orientée vers la protection de l'infanterie.

« Ce culte de l'infanterie qui l'a opposé aux fameuses théories de l'offensive à outrance, Pétain l'observe déjà en tout temps, et déjà en 1914 ses contre-attaques à la tête de la 4e brigade, puis de la 6e division comptent parmi les plus efficaces et les moins coûteuses. Lorsque, en 1915, il monte l'attaque du 33e corps d'armée en Artois, il règle minutieusement le soutien de l'artillerie à ses fantassins, qui, après une action foudroyante, s'emparent de la crête de Vimy. En 1916, il sauve Verdun par une habile défense des positions, une mécanique parfaitement réglée de la relève de l'infanterie, un renforcement considérable de l'artillerie, un remarquable ravitaillement dans tous les domaines, une utilisation appropriée des voies de communication. Ses succès récents de 1917, témoignent également de sa parfaite adaptation à la guerre moderne, permettant à l'armée française d'atteindre ses objectifs, avec un minimum de casse, en affligeant à l'ennemi des pertes considérables. »[38]

---

[38] *Archives militaires françaises*, Vincennes.

IX

LA BATAILLE DE CAPORETTO
OCTOBRE-DECEMBRE 1917

Comme nous l'avons vu dans un chapitre précédent, les onze offensives de la bataille l'Isonzo (mai 1915-septembre 1917) ont coûté des pertes considérables à l'armée italienne, avec 656 182 soldats hors de combat (tués ou blessés). De son côté, l'armée austro-hongroise est également durement frappé avec 487 985 soldats tués ou blessés sur ce front montagneux.

L'Allemagne au secours de l'Autriche-Hongrie

Les assauts italiens répétés sur l'Isonzo épuisent l'armée autrichienne, qui se trouve dans un grand état de faiblesse à l'automne 1917, à tel point que le commandement allemand décide d'intervenir directement sur le terrain. Le général Ludendorff ne désire pas envoyer sur place quelques-unes de ses précieuses divisions pour qu'elles restent sur la défensive, à attendre les assauts italiens. Il veut préparer un grand coup pour abattre l'Italie, permettant ainsi aux 40 divisions autrichiennes, fixées sur le front italien, d'intervenir ensuite sur le front français, aux côtés des nombreuses troupes allemandes déjà engagées. Une 14e armée austro-allemande, placée sous les ordres du général allemand von Below, est constituée avec 8 divisions autrichiennes et 7 divisions allemandes. Des réserves importantes sont placées en arrière, avec un total de 37 divisions germano-autrichiennes, dans le secteur montagneux du Haut-Isonzo de Caporetto-Tolmino, où le général Cadorna ne peut aligner que 25 divisions. Pour l'artillerie, les assaillants disposent de 3000 pièces d'artillerie de moyens et de gros calibres contre 1300 pièces italiennes.

Le secteur de Caporetto-Tolmino est choisi en raison de son importance stratégique et tactique. Une percée effectuée dans cette région montagneuse doit permettre de couper en deux les armées italiennes de l'Isonzo et contraindre les autres troupes, positionnées dans les autres secteurs alpins et prises à revers, à effectuer une retraite périlleuse vers les plaines vénitiennes.

Rommel en tête du dispositif offensif

En octobre 1917, l'armée allemande concentre 7 divisions d'élite dans l'unique secteur de Caporetto, alors défendu par 2 division italiennes, épuisées et décimées par les combats de l'été. L'offensive austro-allemande, qui débute le 24 octobre, à 2 heures du matin, semble irrésistible. Après six heures de bombardement dont quatre par obus à gaz, l'infanterie allemande, par un brouillard et une pluie glacés, bondit avec ses lance-flammes sur les points d'appui italiens des vallées. Sans ce soucier des hauteurs et des flancs, qui, débordés et encerclés, sont abandonnés à des troupes de deuxième échelon, elle conquiert d'emblée les organisations de l'arrière et les positions d'artillerie.

Le bataillon allemand de montagne du Wurtemberg, engagé sur le front de Caporetto, est en partie commandé par le lieutenant Erwin Rommel, futur maréchal du IIIe Reich. Son bataillon doit attaquer au centre du dispositif, en direction de mont Matajur, et suivre ensuite la 12e division bavaroise. Marcher sur les traces des Bavarois n'intéresse guère Rommel, qui persuade son chef, le commandant Sprösser, de lancer une opération indépendante contre les positions italiennes. Dès l'aube, Rommel, à la tête d'un commando, s'élance sur la position d'appui de Saint-Daniel, « dont les défenseurs nous dévisagent d'un regard épouvanté », et fonce ensuite sur Foni, la seconde base des Italiens. Dans la foulée, il neutralise une quinzaine de canons lourds. Prenant à revers un bataillon ennemi, Rommel fait 600 prisonniers. Six compagnies, sous le commandement du jeune officier, poursuivent la percée et forcent une partie de la 4e brigade de bersaglieri à déposer les armes. Le lieutenant Rommel fait une reconnaissance et décide de couper à travers champs, en prenant la direction du mont Matajur, clé de la défense ennemie située à près de 1700 mètres d'altitude.

Le 25 octobre au petit matin, après une marche forcée, Rommel encercle, à l'aide de nombreuses mitrailleuses, 1500 fantassins de la brigade Salerne et les oblige à la reddition, après un bref combat. Du sommet du mont Matajur, Rommel n'a plus qu'à lancer la fusée de la victoire. En 48 heures, il a parcouru 20 kilomètres à vol d'oiseau dans la montagne, est monté à 2000 mètres d'altitude, a capturé 150 officiers, 9000 soldats et 81 canons. Ses propres pertes se limitent à 6 tués et 30 blessés, alors que les autres unités allemandes, engagées à Caporetto-Tolmino, accusent des chiffres nettement plus élevés en morts et blessés. Pour cette victoire, Rommel est promu au grade de capitaine. Sa tactique d'infiltration évoque étrangement celle qu'il emploiera en 1940.

Une offensive irrésistible

Après la première phase du bombardement, à obus toxiques dont les masques à gaz italiens se révèlent inefficaces, se déchaîne, avec une intensité formidable, le feu de destruction. Bientôt, tout est bouleversé : tranchées, cheminements, abris ; les observatoires aveuglés, les liaisons coupées. Aux différentes unités en ligne, il ne reste comme moyens de communication entre elles et avec les états-majors, que les coureurs, qui, pour la plupart, tombent avant d'arriver à destination. En beaucoup de points des tranchées, il n'y a plus qu'une mince chaîne d'hommes, intoxiqués par le gaz ou annihilés par l'intensité du bombardement ; derrière commencent à se propager le désordre et l'affolement. Pendant ce temps, l'artillerie italienne, gênée par l'épais brouillard et en partie paralysée par des ordres contradictoires, n'oppose au feu ennemi qu'une réaction molle et incertaine.

Vers 8 heures, le 24, pendant que de lourdes mines éclatent sur le mont Rosso et sur le Mrzli, la 14ᵉ armée austro-allemande lance son infanterie à l'attaque des positions italiennes : l'assaut est particulièrement violent dans le bassin de Plezzo et dans le secteur de la tête de pont de Tolmino.

Bientôt, les premières lignes italiennes sont submergées, bien qu'en beaucoup de points les troupes du général Cadorna opposent une héroïque résistance. La brigade Frioul dans le cirque de Plezzo, les brigades Alexandrie et Caltanissetta sur le Mrzli et surtout le 224e régiment d'infanterie sur le Sleme, se battent désespérément. Sur le plateau de la Bainsizza, toutes les attaques autrichiennes, bien que conduites avec une grande supériorité de troupes, se brisent contre la solide résistance des soldats italiens. Ailleurs, certaines unités italiennes, décimées par les gaz et les obus, se débandent. Dans l'après-midi, le sort de la bataille se précipite, les Allemands, avançant dans le fond de la vallée, avec une assurance presque téméraire, atteignent Caporetto à 15 heures.

Dans la journée du 25 octobre, la brèche ouverte dans les lignes italiennes devient de plus en plus large : elle est désormais irréparable. En vain, des unités italiennes, arrivées précipitamment en renfort, tentent d'endiguer les masses ennemies : celles-ci, enhardies par leur rapide triomphe, pressent à l'ouverture de toutes les vallées et se répandent sur toutes les routes.

La retraite générale

Le 26, les événements se précipitent. Avec la chute du Montemaggiore, la dernière ligne de défense est tournée, la voie est ouverte vers Cividale. Dans la nuit, le commandement italien est contraint d'ordonner la retraite sur le Tagliamento. Dans la matinée du 27, la défense italienne est bousculée et tournée sur un front étendu, entre le mont Madlesena et Castel Madonna del Ponte. Le général Cadorna ordonne le repli de l'ensemble des troupes italiennes, défendant l'arc alpin de la zone carnique.

« Maintenant, écrit le commandant Amédée Tosti, il n'y a plus qu'un rapide et chaotique flot d'hommes, de voitures, de canons, le long des routes inondées de boue qui conduisent aux ponts du Tagliamento. Avec les régiments qui se retirent en ordre, silencieux, lourds d'amertume et d'humiliation, font un triste contraste les bandes en déroute, qui ont perdu toute discipline et qui chantent à la paix ou crient à la trahison. À la vision lamentable de l'armée qui s'effondre s'ajoute le spectacle poignant de marée humaine qui va, chassée par un obscur destin, vers l'inconnu.

« La plaine du Frioul rougeoie d'incendies, retentit

du tonnerre des mines : les ponts, les dépôts, les magasins, les poudrières, tout est livré aux flammes. C'est la guerre qui passe dans toute sa fureur dévastatrice : malheur aux vaincus ! »[39]

Le 28, les troupes austro-allemandes enfoncent les lignes italiennes à Beivars-sur-Torre ; dans les premières heures de l'après-midi, elles sont maîtres d'Udine ; seul vengeur de la cité occupée, un humble carabinier tue d'un coup de fusil le général allemand von Berrer, au moment où celui-ci passe en automobile une des portes de la ville.

Le sacrifice de certaines troupes italiennes

Le 29 octobre 1917, les divisions italiennes réussissent à passer sur la rive droite du Tagliamento et à y établir un premier dispositif de défense. Dès le 28, le régiment italien Saluces combat vaillamment à Beivars et à San Gottardo, en essayant de contenir les troupes ennemies qui ont passé la rive droite du Torre. Le 29, les régiments de la 4e brigade italienne de cavalerie (lanciers d'Aoste et de Mantoue) chargent à cheval les avant-gardes ennemies à Fagagna ; ceux de la 1ère brigade (régiments de Rome et

---

[39] Commandant Amédée Tosti, op.cit.

Montferrat) en font autant à Pasian Schiavonesco. Les régiments de cavalerie Gênes et Novare se barricadent avec des unités de la brigade Bergame dans Pozzuoli du Frioul ; attaqués, le matin du 30, par des nombreuses forces austro-allemandes, ils acceptent un glorieux sacrifice, résistent pour permettre aux troupes en retraite d'échapper à l'étreinte adverse.

Même dans les récits de l'assaillant, nous trouvons de nombreux témoignages rendus au courage dont font preuve des unités italiennes. Le général allemand Krafft von Dellmensingen, chef d'état-major de l'armée von Below, atteste que « la route vers Caporetto ne fut pas du tout laissée sans défense, et ne put être ouverte que par une série de violents combats. Sur de nombreuses positions, même au-delà de l'Isonzo, les Italiens déclenchèrent de violentes contre-attaques, exécutées avec un grand courage ».[40]

Le 30 octobre, pendant qu'avec une lenteur inévitable se poursuit le passage du Tagliamento, la situation s'aggrave soudain sur la gauche du fleuve. Des patrouilles austro-allemandes pénètrent dans San Daniele

---

[40] *Archives militaires allemandes*, Fribourg-en-Brisgau.

du Frioul. Les groupes d'assaut Krauss et Stein avancent, le 31, en direction de Pinzano. Les survivants de la brigade Bologne, qui se sont héroïquement sacrifiés, restent de l'autre côté du fleuve. Dans la nuit du 2 au 3 novembre, l'assaillant réussit à forcer le passage du Tagliamento dans son cours supérieur, à Cornino et à Valeriano. Le corps d'armée spécial du général italien Di Giorgio contre-attaque avec fougue les 3 et 4 novembre, empêchant ainsi la capture des troupes italiennes qui descendent de la région montagneuse des Dolomites : ainsi la 3e armée italienne peut atteindre les bords du Piave avant que les avant-gardes ennemies y mettent le pied. Le matin du 4, le général Cadorna lance l'ordre de retraite générale sur le Piave, fleuve long de 120 km au nord de Venise.

Résistance héroïque des Italiens sur le Piave et dans le Trentin

Les jours suivants, les armées italiennes établissent un solide réseau défensif sur le Piave. En espérant tourner les troupes italiennes sur le Piave, les Autrichiens déclenchent une offensive dans le Trentin le 9 novembre. Sur la dernière barrière montagneuse du Trentin, les Italiens résistent avec héroïsme, de même que sur le Piave : 33 divisions italiennes parviennent à contenir 55 divisions austro-allemandes durant plusieurs semaines. La résistance sur le mont Grappa ne peut être brisée. Les 21 et 22 novembre, les Austro-Allemands se lancent à l'assaut du massif des Melleta, du mont Grappa et du col de la Beretta. Partout les Italiens s'accrochent avec rage. La dernière barrière ne peut être enlevée. Sur le Piave, les Austro-Allemands se heurtent également à une résistance acharnée. Le 16 novembre, une tentative de passage du fleuve se révèle désastreuse : à Folina et Fogare, les assaillants sont rejetés et massacrés, de même qu'à Zenson. Le 4 décembre, une nouvelle attaque autrichienne dans le Trentin est rapidement stoppée. Une dizaine de divisions franco-britanniques entrent dans la bataille pour soutenir leurs alliés italiens.

Le 30 décembre 1917, les chasseurs alpins français du général Duchêne se distinguent particulièrement au mont Tomba, où ils font 1400 prisonniers et capturent 60 mitrailleuses. Au col Rosso, les alpini italiens font de même en capturant 2000 ennemis et 100 mitrailleuses.

Un désastre militaire pour l'Italie et une victoire inachevée pour l'Autriche

L'armée italienne a cependant subit de lourdes pertes de Caporetto au Piave : 40 000 soldats tués, 180 000 blessés, 325 000 prisonniers, 3200 canons et 3000 mitrailleuses tombés aux mains de l'ennemi. De l'Isonzo au Piave, les troupes austro-allemandes ont progressé de 140 kilomètres.

Comment se fait-il que les Austro-Allemands, en plein élan, n'aient pas rejeté les Italiens au-delà du Piave, comme ils l'avaient fait sur l'Isonzo et le Tagliamento ? « C'est que, d'abord, quelques points d'appui italiens résistèrent héroïquement et interdirent de nombreux itinéraires pendant plusieurs jours, écrit le général français J.E. Valluy. C'est aussi parce que la pointe offensive allemande s'émoussa et fut lâchée par son artillerie, incapable de suivre, et que le commandement allemand, doué d'un grand discernement tactique, ne témoigna pas d'une intuition stratégique très sûre dans la définition de ses axes de poursuite. Certaines de ses troupes avaient, en outre, baissé de régime : bloquées par le flot des réfugiés, elles s'étaient attardées dans les villages, où elles trouvaient du vin et des victuailles... Enfin, sur le Piave, elles se heurtèrent à un état d'esprit nouveau et à des unités italiennes qui n'avaient pas subi le traumatisme de la défaite. »[41]

Il convient de rappeler que sur le front italien, les troupes austro-allemandes disposaient d'une supériorité numérique et matérielle écrasante dans le secteur de Caporetto : sept divisions d'élite contre deux divisions italiennes décimées par la terrible saignée de l'été 1917 (323 000 soldats hors de combat pour une progression de vingt kilomètres sur le plateau de la Bainsizza).

L'orage d'acier, de feu et de gaz (3000 canons de moyen et gros calibres) s'abattant sur les positions italiennes fut comparable à celui de Verdun en 1916, ce qui facilita la percée, sans oublier l'épais brouillard qui masqua le mouvement des troupes d'assaut. Caporetto ne fut donc pas une victoire miraculeuse comme l'ont affirmé certains, mais un succès prévisible devant la disproportion des forces en présence. On sait depuis que les masques à gaz de l'armée italienne se révélèrent inefficaces contre les nouvelles substances toxiques utilisées par les artilleurs allemands lors de cette bataille, si bien que l'infanterie allemande dépassa certaines positions adverses, dévastées

---

[41] Général J.E. Valluy, op.cit.

et pleines de cadavres, sans s'en rendre compte.

Le but de l'offensive austro-allemande de Caporetto était de mettre l'Italie à terre, or voici qu'elle opposait une résistance acharnée sur le Piave, soutenue par quelques divisions franco-britanniques. Le général autrichien Konopiki avoue toute la stupeur qu'il éprouva en voyant se dresser devant lui « encore une armée refusant de se plier au destin, cette armée italienne qu'on croyait bien avoir vaincue et défaite. On aurait cru presque impossible qu'une armée qui venait d'échapper à une catastrophe aussi effroyable que celle de Caporetto, eût pu se relever aussi rapidement ».[42]

Le maréchal allemand von Hindenburg écrit de son côté : « Je dus me convaincre que nos forces ne suffisaient pas pour nous emparer des Alpes de Vénétie qui dominent, sur un long espace, les plaines italiennes et à faire écrouler la résistance sur le Piave. L'opération était arrivée à un point mort. Quelle que fût la tenace volonté des commandements qui se trouvaient sur place et de leurs troupes, il fallut, en présence de la réalité, laisser tomber les armes… Notre

---

[42] *Archives militaires autrichiennes*, Vienne.

victoire, en somme, était restée incomplète. »[43]

Le général allemand von Dellmensingen ne dissimule par son amertume : « Ainsi s'arrêta, à quelques distance de son objectif, l'offensive, cette offensive si riche d'espérances et le mont Grappa devint le « Mont Sacré » des Italiens. Ils peuvent à juste titre être fiers de l'avoir conservé malgré les efforts héroïques des meilleurs troupes de l'armée austro-hongroise et de leurs camarades allemands ! »[44]

En fixant une soixantaine de divisions ennemies sur un front montagneux, l'armée italienne a fortement contribué à la victoire des Alliés. Le général allemand Ludendorff reconnaîtra que l'une des principales causes de la défaite des empires centraux fut l'échec des offensives autrichiennes sur le front italien, empêchant ainsi l'arrivée des nombreuses divisions autrichiennes sur le front français.

---

[43] *Archives militaires allemandes*, Fribourg-en-Brisgau.

[44] *Archives militaires allemandes*, Fribourg-en-Brisgau.

X

LA BATAILLE DE PICARDIE ET DES FLANDRES MARS-AVRIL 1918

La crise morale, qui frappe l'armée française en 1917, affecte l'Europe entière. Des mutineries se multiplient dans les rangs des troupes russes, italiennes, austro-hongroises. L'armée britannique, qui compte 749 000 soldats hors de combat pour l'unique année 1917, n'est pas en mesure de passer de nouveau à l'offensive. L'Allemagne et l'Autriche-Hongrie, frappés par le blocus économique, des émeutes et des grèves, tentent vainement d'obtenir une paix de compromis avec les Alliés. Le défaitisme gagne une partie de la classe politique européenne, ce qui provoque de nombreux changements de gouvernement, comme en France, en Allemagne et en Autriche. Dans la plupart des cas, se sont cependant les partisans de la guerre qui l'emportent, comme Clemenceau en France.

La défection de la Russie permet à l'Allemagne d'attaquer en France

La révolution russe de 1917 provoque rapidement l'effondrement d'une bonne partie de l'armée. La Russie quitte définitivement la guerre en mars 1918, en signant un traité de paix très désavantageux avec l'Allemagne. Les vaillantes troupes russes, engagées dans des offensives suicidaires, comptent 1 700 000 soldats tués, d'août 1914 à mars 1918. En fixant une soixantaine de divisions allemandes et une cinquantaine de divisions austro-hongroises sur le front oriental, l'armée russe a rendu un immense service aux troupes alliés sur le front occidental. Environ 500 000 soldats allemands et 600 000 soldats austro-hongrois ont été tués sur le front oriental, d'août 1914 à mars 1918.

Désormais libérée du front russe, l'armée allemande peut considérablement se renforcer sur le front français et passer à l'offensive.

Au début de l'année 1918, on compte sur le front français 105 divisions françaises, 56 divisions britanniques, 6 divisions belges (un total de 167 divisions alliées) et 197 divisions allemandes. Bénéficiant désormais de la supériorité numérique sur le front français, grâce à la défection russe, le général allemand Ludendorff décide de forcer la victoire à l'Ouest avant l'arrivée des renforts américains.

L'offensive allemande en Picardie

Le 21 mars 1918, l'offensives allemande, attendue depuis des semaines par les Alliées, tombe sur l'armée britannique, jugée par Ludendorff comme étant la plus faible du camp allié, du fait de l'énormité de ses pertes en 1916 et 1917, de son manque d'expérience de la guerre moderne, de son instruction rudimentaire et de la faiblesse de ses effectifs.

Pour empêcher le maréchal anglais Douglas Haig de poursuive ses sanglantes offensives, David Lloyd George, premier ministre de Grande-Bretagne, a décidé de bloquer les renforts britanniques en Angleterre. Au lieu des 80 divisions britanniques prévues en France au début de l'année 1918, seulement 56 divisions combattent sur ce théâtre de guerre. De plus, la plupart des divisions britanniques sont en sous effectifs. Des Flandres à Verdun, l'armée allemande masse en première ligne 192 divisions contre 171 divisions alliées, dont 99 divisions françaises, 56 divisions britanniques, 12 divisions belges, 2 divisions portugaises et 2 divisions américaines.

Le plan offensif, adopté par Ludendorff est judicieux. Le terrain s'y prête : les grands plateaux de Santerre au sud d'Arras, relativement découverts et suffisamment secs en cette fin d'hiver, proches des bases maritimes britanniques comme de la jointure entre les armées britanniques et françaises, permettant une exploitation aussi bien vers le nord-ouest que vers le sud-ouest.

Sur un front de 70 kilomètres, en Picardie, entre Arras et Noyon, Ludendorff masse 63 divisions et 6200 pièces d'artillerie, réparties en trois armées. En face, le maréchal Haig ne peut opposer 19 divisions en première ligne et 10 autres maintenues en réserve, dont l'ensemble s'articule autour de deux armées britanniques. L'artillerie anglaise se limite à 2500 canons dans ce secteur.

Le jeudi 21 mars 1918, à 4 heures 40, les 6200 canons allemands ouvrent le feu. La préparation allemande d'artillerie est de courte durée mais d'une extrême intensité : 80 minutes de bombardement massif à obus toxiques sont suivies de plus de 3 heures de feu roulant à obus explosifs.

La tactique d'infiltration des troupes d'assaut

Au lieu de fixer des objectifs successifs et des étapes dans la progression, la tactique allemande adopte systématiquement l'infiltration des groupements d'assaut de toutes armes : fusiliers, mitrailleurs, lance-flammes, mortiers et canons d'accompagnement, permettant de pousser la puissance de feu le plus en avant possible. Ces groupes d'assaut sont lancés vers des objectifs lointains, qu'ils doivent atteindre rapidement, sans se soucier de leurs flancs ni de leurs arrières. Derrière eux, les poches des résistance dépassées sont réduites par d'autres unités et les réserves sont poussées où la progression se poursuit. C'est la division qui mène la bataille avec les chefs des bataillons d'assaut : les commandements intermédiaires ne sont que des échelons de ravitaillement et des répartitions des renforts.

Le 21 mars, à 9 heures, par un épais brouillard, les troupes allemandes d'assaut s'infiltrent dans les lignes britanniques durant le pilonnage d'artillerie et de très nombreux défenseurs britanniques sont surpris dans leurs abris. En quelques heures, le front britannique s'effondre totalement et les Allemands s'enfoncent profondément vers l'ouest en capturant, pour l'unique journée du 21 mars, 60 000 soldats britanniques !

L'avance allemande se poursuit les jours suivants, sur un rythme irrésistible. Du 22 au 25, l'armée allemande franchit la Somme entre Ham et Péronne, qui, comme Bapaume, sont dépassés. Du 21 mars au 5 avril 1918, les Allemands effectuent une percée d'environ cent kilomètres, s'emparent de Montdidier et font 90 000 prisonniers britanniques. L'armée anglaise, au bord de l'effondrement, est obligée d'appeler au secours l'armée française.

La riposte française

Les généraux Pétain et Foch, forts prévoyants, ont constitué le groupe d'armées de réserve du général Fayolle, formé de trois armées (Debeney, Humbert et Duchêne), dont l'ensemble représente une trentaine de divisions françaises. Ces importants renforts français entrent progressivement en ligne dès le 26 mars et sauvent l'armée britannique d'un désastre, en parvenant à bloquer les Allemands. Finalement, l'offensive allemande meurt à quelques kilomètres d'Amiens et de Compiègne. Dès le 24 mars, Pétain décide d'engager massivement son aviation dans la bataille, qui ralentit sérieusement le mouvement des Allemands : 2800 avions français viennent épauler 1200 appareils britanniques, opposés à 2900 avions allemands.

Ludendorff doit suspendre son action en Picardie.

L'offensive allemande du 21 mars 1918 a failli provoquer l'effondrement total du front allié. Pour mieux coordonner leurs troupes, les Alliés se rencontrent à Doullens, le 26. D'un commun accord, le général français Ferdinand Foch devient le commandant en chef des forces armées alliées sur le front occidental, tandis que le général Pétain le seconde en tant que commandant en chef des armées françaises et le maréchal Haig du côté britannique.

Offensive allemande dans les Flandres

Ludendorff, désirant en finir au plus vite avec l'armée britannique pour ensuite écraser sa principale rivale qu'est l'armée française, lance une nouvelle offensive sur un front de 40 kilomètres, entre Ypres et Béthune, au nord d'Arras, dans les Flandres, afin de s'ouvrir la route des ports du Pas-de-Calais. Le 9 avril 1918, une quarantaine de divisions allemandes, soutenues par une puissante artillerie, balayent en quelques heures 2 divisions portugaises et une dizaine de divisions britanniques. Le soir même, après une avance de dix kilomètres et la capture de 6000 soldats britanniques et portugais, l'armée allemande franchit la Lys en plusieurs endroits.

Les sauveurs sont de nouveau français

Les troupes allemandes progressent d'une cinquantaine de kilomètres en quelques jours. Finalement, les renforts français sauvent une fois de plus les Britanniques d'un désastre. Dès le 15 avril 1918, l'armée française de réserve du général de Mitry, forte de 8 divisions, entre en ligne pour défendre les monts des Flandres. Son action décisive permet de refouler les troupes allemandes, où s'illustrent particulièrement les 28e et 39e divisions françaises des généraux Madelin et Massenet. L'offensive allemande est définitivement brisée le 1er mai.

Les troupes américaines, limitées alors à 4 divisions constituées en Lorraine, ne sont pas intervenues lors de la batailles décisive de Picardie et des Flandres, de mars à mai 1918, où 38 divisions françaises, engagées en renforts, ont joué un rôle capital dans le rétablissement des troupes britanniques. Le maréchal Haig doit même dissoudre 10 divisions britanniques décimées, obligeant le général Pétain à allonger son front de 97 kilomètres. Du 21 mars au 1er mai 1918, l'armée britannique totalise 418 000 soldats hors de combats, victimes des deux offensives allemandes de Ludendorff.

Le 2 mai 1918, on compte sur le front français 12 divisions

belges, 46 divisions britanniques, 110 divisions françaises, 4 divisions américaines, 2 divisions italiennes contre 204 divisions allemandes. Sur un front d'environ 950 kilomètres, l'armée française est positionnée sur 897 kilomètres ! Des chiffres qui permettent de mesurer l'immense effort consenti par la France à ce moment décisif de la guerre, et qui balayent les élucubrations avancées par certains historiens affirmant que l'armée américaine aurait joué un rôle décisif durant cette période : ce qui est faux !

XI

LA BATAILLE DE LA MARNE
MAI-JUILLET 1918

Le général allemand Ludendorff estime désormais que pour vaincre définitivement les Alliés sur le front occidental, il doit impérativement écraser l'armée française, sa principale rivale. L'armée britannique, assommée et décimée par les deux précédentes offensives allemandes en mars et avril 1918, ne tient ses positions que grâce au soutien de 47 divisions françaises, ce qui a pour conséquence de dégarnir le front central du Chemin-des-Dames, où les troupes françaises sont moins nombreuses. Ludendorff compte frapper les Français dans ce secteur, marqué par de violents combats en 1917.

Une puissante offensive allemande

C'est au Kronprinz impérial qu'est confiée, le 17

avril 1918, la direction de la nouvelle offensive, sur les 90 kilomètres du front du Chemin-des-Dames. Deux armées allemandes, alignant 43 divisions et 4000 pièces d'artillerie, doivent passées à l'assaut le 27 mai. En face, la 6e armée française du général Duchêne ne dispose que de 15 divisions et 1500 pièces d'artillerie. À 1 heure du matin, le bombardement à obus toxiques et classiques s'abat sur les positions françaises. À 3 heures 40, l'infanterie allemande s'avance derrière le barrage roulant de son artillerie. Malgré l'alerte donnée le 26 mai par deux prisonniers allemands, la surprise est totale. Elle se double d'une mauvaise conduite de la défense. Malgré les ordres formels de Pétain, Duchêne, bien que disposant d'effectifs réduits, a bourré ses troupes en première ligne, sans effectuer de systèmes défensifs en profondeur, condamnant ainsi son infanterie au massacre en cas de barrage d'artillerie de l'ennemi. Il y a plus grave, les ponts du canal de l'Ailette et de l'Aisne n'ont pas été détruits. Si bien que dès le premier jour de l'offensive le front français est enfoncé.

Les Allemands atteignent la Marne

Les Allemands abordent la Vesle à Fismes et ne s'arrêtent, après un bond de 20 kilomètres, que sur les plateaux au sud de cette rivière. Pétain mesure tout de suite l'ampleur du désastre. Il rameute la 5ᵉ armée françaises du général Micheler et décide de s'accrocher à tout prix sur les plateaux du Soissonnais comme sur la montagne de Reims, dont il pense déjà se servir comme basse de contre-attaque. Mais le 30 mai, les Allemands atteignent la Marne entre Dormans et Château-Thierry. Foch met à la disposition de Pétain la 10ᵉ armée française du général Maistre, rappelée de Picardie. L'offensive allemande se heurte à une résistance acharnée du côté de Soissons et de Reims. L'aviation française de bombardement s'acharne sur toutes les concentrations ennemies.

Le 1ᵉʳ juin 1918, la 10ᵉ armée française assure la défense de la forêt de Villers-Cotterêt, où les chars Renault FT 17 se distinguent particulièrement en refoulant l'infanterie allemande à Chaudun et à Berzy-le-Sec. Dans la soirée, les Allemands du groupement d'assaut von Conta parviennent cependant à s'emparer de Château-Thierry, défendu par les coloniaux de Marchand, soutenus par des mitrailleurs américains. Après avoir progressé de 50 kilomètres en trois jours, l'armée allemande, à bout de souffle, ne parvient pas à franchir la Marne, malgré l'engagement de 3 nouvelles divisions. Paris à 70 kilomètres redevient l'objectif principal de Ludendorff.

La fougueuse contre-attaque française

Le 9 juin 1918, à 4 heures, 13 division allemandes passent à l'attaque, sur 30 kilomètres, entre Noyon et Montdidier. La 3ᵉ armée française du général Humbert a pris ses dispositions pour recevoir l'assaillant. Les 5 divisions français parviennent à repousser les 13 divisions allemandes. Le 10, le général Fayolle, commandant le groupe français d'armées de réserve, décide de passer à l'action. Le lendemain, 5 divisions françaises, soutenues par 163 chars d'assaut et la 1ère division aérienne, contre-attaquent avec fougue. Le coup est si violent que Ludendorff ordonne à ses divisions maintenues en réserve d'appuyer au plus vite les troupes de première ligne. Les nombreux chars français Renault FT17, Saint-Chamond et Schneider refoulent partout les Allemands. L'infanterie française fait de nombreux prisonniers.

Ultime offensive allemande

Du 27 mai au 14 juin 1918, Ludendorff a perdu 400 000 soldats contre l'armée française et, pour maintenir le nombre de ses bataillons, a dû en réduire l'effectif aux environs de 600 soldats sur les 1200 initiaux. Il a hâte de revenir à son objectif initial d'écraser définitivement l'armée britannique dans les Flandres. Mais il juge les réserves françaises insuffisamment consommées et décide de lancer une ultime offensive en Champagne avec 39 divisions. En face, 30 divisions françaises, 6 divisions américaines et 2 divisions italiennes s'apprêtent à riposter au plus vite. Pour éviter la déconvenue du Chemin des Dames du 27 mai, le général Pétain ordonne l'abandon temporaire de la première ligne de défense, réduite à de simples avant-postes, et exige une résistance à outrance sur la seconde position. L'artillerie allemande doit ainsi gaspiller ses munitions sur des positions dégarnies de troupes.

Le 15 juillet 1918, à 5 heures 30, après quatre heures de bombardement, les divisions allemandes passent à l'assaut et découvrent les tranchées françaises de première ligne vides de tout occupant. La seconde position françaises, intacte, oppose une résistance farouche qui décime les assaillants. Des combats acharnés se livrent notamment à Perthes. Les troupes françaises, américaines et italiennes contre-attaquent et repoussent avec succès l'armée allemande. Neuf nouvelles divisions françaises, conduites en partie par l'ardent général Gouraud, balayent les dernières troupes allemandes. L'offensive allemande est définitivement repoussée. Ludendorff a perdu l'initiative des opérations.

Le tournant de la guerre sur le front occidental

Le 18 juillet 1918, tournant de la guerre sur le front occidental, 19 divisions françaises, 6 divisions américaines et 2 divisions britanniques, appuyées 492 chars français, dont 250 excellents Renault FT17, 3000 pièces d'artillerie et 850 avions, contre-attaquent entre l'Aisne et la Marne.

Couvertes par les forêts de Villers-Cotterêts et de Compiègne, les troupes alliées débouchent, à 4 heures 35, quasiment sans préparation d'artillerie, afin de surprendre l'ennemi. Fantassins et chars alliés progressent rapidement et enfoncent le centre allemand entre Dammard, Villers-Hélon et Vierzy. L'armée française capture lors de cette unique journée 10 000 prisonniers allemands. Le soir même, l'avance dépasse 10 kilomètres sur 50. Elle se poursuit le lendemain et le surlendemain. Les Allemands abandonnent Château-Thierry le 21. Par une brillante action, le 67e régiment français d'infanterie chasse le 79e régiment prussien d'infanterie du village de Villemontaine, le 25.

Plus au sud, les Alliés arrivent sur Fère-en-Tardenois et Ville-en-Tardenois. Dans la nuit du 27 au 28, l'armée allemande s'éloigne de cette Marne qui, pour la seconde fois, lui est funeste. Le 2 août, des soldats français de la 11^e

division d'infanterie pénètrent dans Soissons. Les soldats des généraux français Mangin, Degoutte et Berthelot bordent l'Aisne, puis la Vesle, de Braine à Reims. La victoire française est totale. Les troupes françaises ont capturé 35 000 prisonniers allemands, 700 canons et libéré 200 villages. Du 18 juillet au 2 août 1918, on compte 125 000 tués ou blessés dans les rangs français et 168 000 chez les Allemands. L'action massive des chars français Renault FT17 a été décisive dans la défaite allemande. Une soixantaine de divisions françaises ont été engagées lors de ces opérations, ainsi que 6 divisions américaines, 2 divisions britanniques et 2 divisions italiennes. Une fois de plus, comme on peut le constater par les chiffres, l'armée française a joué un rôle essentiel dans cette victoire décisive.

Pour la perte de 558 000 soldats (tués, blessés, disparus et prisonniers) de son côté, l'armée française a mis hors de combat 856 000 soldats allemands, de mars à juillet 1918 . En mai 1918, on comptait 204 divisions allemandes sur le front français, contre 180 divisions alliées, dont 110 divisions françaises. Le 6 août 1918, Foch est fait maréchal de France.

Assez curieusement, l'historiographie anglo-américaine

attribue la seconde victoire de la Marne de juillet 1918 à l'engagement massif des troupes américaines. Or, sur 27 divisions américaines disponibles à ce moment, seulement 6 ont participé à cette bataille. Il faut attendre le 10 août 1918, pour que la 1ère armée américaine, du général Pershing, soit constituée avec 16 divisions, dont 8 ayant l'expérience du combat. La 1ère armée américaine se voit attribuer, le 26 août, le secteur de Saint-Mihiel, représentant 80 kilomètres de front. La France livre à ses alliés américains 144 chars Renault FT17, 3000 canons et 500 avions. L'essentiel du matériel lourd américain est français. En août 1918, avec 110 divisions en ligne, l'armée française tient 720 kilomètres des 950 kilomètres du front occidental.

D'août à novembre 1918, les puissantes offensives alliées refoulent partout les Allemands jusqu'à la frontière belge. L'Allemagne est contrainte de signer un armistice le 11 novembre 1918. La guerre est gagnée pour les Alliés sur le front occidental.

Arme clef de la victoire : le char Renault FT 17

Sous l'impulsion du colonel, futur général, Jean-Baptiste Estienne qui a depuis 1915, et parallèlement au colonel britannique Swinton, défendu puis fait admettre l'utilité du char d'assaut, l'industrie française met au point deux types de blindés : le Schneider et le Saint-Chamond, tous deux armés d'un canon de 75 mm en caisse et non en tourelle, plus deux mitrailleuses pour le premier et quatre pour le second.

Le Schneider pèse 13,5 tonnes et comprend un équipage de 7 hommes. Il peut atteindre la vitesse de 8 km/h. Une poutrelle destinée à casser les fils barbelés lui fait octroyer le surnom de « corne de rhinocéros ». Son confrère, le Saint-Chamond pèse plus lourd : 23 tonnes, mais atteint la même vitesse avec un équipage de 9 hommes.

La France sort ses propres chars dans le courant du mois de septembre 1916, lorsque les tanks britanniques font leur apparition sur le front occidental.

Commandé par Louis Renault et conçu en partie par le colonel Estienne, le char léger Renault FT17 devient le char le plus remarquable de la Première Guerre mondiale, dont la conception extrêmement moderne, avec sa tourelle pivotante, a inspiré tous les chars suivants. Il est l'ancêtre du char de combat moderne, dont sont issus les chars de la Seconde Guerre mondiale.

Le char Renault FT17 est remarquable sur plus d'un

point, Louis Renault et le colonel Estienne ont fait œuvre de précurseurs du blindé moderne. Placé à l'arrière, le moteur de quatre cylindres Renault donne une vitesse de 9 km/h, satisfaisante pour un engin de 6,7 tonnes doté d'une autonomie de 40 kilomètres. Le blindage de 22 mm est plus épais que tous les autres chars de l'époque, même les plus lourds (15 mm). Deux hommes d'équipage suffisent, un tireur commandant de char et un conducteur. La tourelle, entièrement mobile sur son axe, peut recevoir un canon de 37 mm ou une mitrailleuse de 8 mm.

Ce type de char est engagé pour la première fois le 31 mai 1918 à Berzi-le-Sec et à Chaudun (forêt de Villers-Cotterêts). Il joue un rôle considérable lors des victorieuses contre-offensives et offensives alliées de l'été et de l'automne 1918. Les Renault sont groupés en bataillons de 63 chars articulés en trois compagnies de 21 chars. À la fin de 1918, la France a fabriqué 3177 chars Renault, dont 440 ont été détruits au combat.

XII

LA BATAILLE DE VITTORIO VENETO OCTOBRE-NOVEMBRE 1918

Après la sévère défaite de Caporetto en octobre 1917, l'armée italienne se rétablit sur le Piave et résistance opiniâtrement aux attaques austro-allemandes durant l'hiver 1917-1918, tout en contre-attaquant en certains endroits. En juin 1918, les troupes italiennes, commandées par le général Diaz, repoussent une puissante offensive austro-hongroise sur le Piave et dans le Trentin, qui se termine par la mise hors de combat de 85 000 soldats italiens (tués ou blessés) et de 180 000 soldats ennemis. Après ce succès défensif, l'armée italienne, reconstituée et bien commandée, se trouve en mesure de passer à son tour à l'offensive.

Les plans et les forces en présence

Le plan offensif italien du général Diaz envisage d'attaquer aussi bien dans le secteur montagneux du Trentin que sur le Piave, avec un effort particulier sur le mont Grappa, afin de déborder les positions adverses se trouvant sur le Piave. Il s'agit en bref de couper en deux l'ensemble des troupes austro-hongroises sur un front d'attaque de 300 kilomètres.

À la veille de cette bataille, les forces en présence s'équilibrent, avec 57 divisions alliées (704 bataillons), dont 51 divisions italiennes, 4 divisions britanniques et 2 divisions françaises, 7700 pièces d'artillerie et 1754 mortiers de tranchée. En face, l'armée austro-hongroise aligne 58 divisions (724 bataillons), 6030 canons et environ un millier de mortiers de tranchée.

Dans les jours qui précédent l'offensive, divers incidents ont lieu à l'arrière de l'armée austro-hongroise. Le 22 octobre 1918, deux régiments croates refusent de relever en ligne une brigade également croate, mais ils sont rapidement ramenés à l'obéissance. Le 24, deux compagnies bosniaques, qui ont reçu l'ordre de s'approcher du front, déclarent qu'elles ne veulent plus combattre. Mais, sauf incidents sporadiques, la grande masse de l'armée austro-hongroise se maintient compacte, prête à obéir à ses chefs, de sorte que l'offensive italienne est attendue avec fermeté et confiance.

De son côté, l'armée italienne, fière de son succès défensif sur le Piave, connaît un extraordinaire renouveau : des sections d'assaut, les arditi, sont créées dans chaque régiment et l'instruction est orientée résolument vers le combat offensif. Le nouveau chef de l'armée italienne, le général Armando Diaz, est un napolitain plus froid qu'exubérant, artilleur renommé. Il fait remarquablement face aux Autrichiens sur le Piave en 1917. Simple d'allure, calme et circonspect, jugé excellent tacticien par Foch, il sait guetter avec patience l'heure de la victoire. Son adversaire autrichien, l'archiduc Joseph remplace depuis le 15 juillet 1918 le maréchal Conrad sur le front italien. Déterminé, il lance l'ordre suivant à ses troupes : « La situation générale donne à penser que l'ennemi tentera d'obtenir des succès même sur le front italien. Il doit nous trouver absolument prêts à le repousser à tout prix et devra se convaincre que son entreprise sera inutile et sanglante, comme ce fut le cas sur le Carso. »[45]

---

[45] *Archives militaires autrichiennes*, Vienne.

L'offensive italienne

L'offensive italienne, repoussée de quelques jours à cause d'une crue soudaine du Piave, débute le matin du 24 octobre 1918, jour anniversaire du début de la bataille de Caporetto. Avant l'aube, l'artillerie italienne ouvre le feu du Trentin à la mer adriatique. Vers 7 heures, l'infanterie italienne sort des tranchées. Le temps se montre peu favorable : toutes les positions sont enveloppées d'un épais brouillard, accompagné de pluie et de neiges fondues.

Dans le secteur du Trentin, les sommets culminent à près de 2000 mètres d'altitude, offrant ainsi aux troupes austro-hongroises une solide position défensive. Dès les premiers assauts des troupes italiennes, la résistance de l'ennemi se révèle partout d'un extrême acharnement. Cependant, les Italiens attaquent avec fougue. La brigade Bari occupe d'un seul élan le mont Asolone et la brigade Basilicate pousse jusqu'aux premiers contreforts du col Caprile. L'adversaire déclenche alors le feu d'innombrables mitrailleuses, et passant à la contre-attaque, parvient à empêcher la brigade Basilicate de pénétrer dans ses lignes et contraint la brigade Bari à abandonner l'Asolone.

Au centre, la brigade Pesaro enlève le mont Pertica, tandis que la brigade Cremone occupe le versant centre

entre le Pertica et le Prassolan. La 23e section d'assaut des arditi s'empare de la cote 1484 du mont Prassolan, mais l'ennemi empêche l'arrivée de renforts italiens par le tir très nourri de son artillerie et dévoile à chaque instant des nids meurtriers de mitrailleuses, obligeant les troupes italiennes à reculer en divers endroits. La brigade Aoste, à la faveur d'une manœuvre foudroyante, s'empare du mont Valderoa et le dépasse en capturant 400 prisonniers. La brigade Udine progresse sur les pentes du Spinoncia.

Sur les plateaux, les vigoureuses poussées italiennes et franco-britanniques tentent d'empêcher l'ennemi de déplacer ses forces vers le mont Grappa. Le 126e régiment d'infanterie français s'empare du mont Sisemol et fait 800 prisonniers autrichiens, tandis qu'un bataillon anglais en capture 200 dans le secteur d'Asiago.

Sur le Piave, des troupes de la 10e armée italienne, dans la nuit du 23 au 24, occupent par surprise la partie nord de la Grave di Padadopoli, dépassant ainsi l'endroit où le courant est le plus impétueux, ce qui facilite le passage du fleuve, fixé au 24.

Le matin du 25, après une nouvelle préparation d'artillerie, la 9e section d'assaut des arditi, en pointe de la brigade Bari, se jette sur les tranchées de l'Asolone dans le

Trentin avec son impétuosité coutumière. Victorieuse, elle s'élance ensuite vers le col Della Berretta, tombe en trombe dans les tranchées de l'ennemi et capture 600 prisonniers autrichiens. Après 5 heures de lutte très dure, la 18e section d'assaut de la brigade Pesaro conquiert le mont Pertica et repousse toutes les contre-attaques adverses. À droite, la brigade Bologne s'empare du mont Forcelletta.

Le 26, la lutte se rallume avec une violence renouvelée dans le Trentin. La division d'élite autrichienne Edelweiss du Tyrol arrive en renfort et contraint la brigade Forli à se replier avec des pertes importantes. Le 18e bataillon d'assaut de la brigade Pesaro s'efforce en vain d'arracher à l'ennemi la forte position d'Osteria del Forcelletto.

Le 27, une lutte féroce s'engage sur le mont Pertica : attaques et contre-attaques se succèdent dans les deux camps. Les brigades Pesaro et Florence, les arditi des 18e et 20e bataillons repoussent finalement tous les assauts adverses. Le lendemain, une implacable action d'artillerie se déroule de nouveau dans le Trentin, afin de paralyser les contre-attaques autrichiennes et, le matin du 29, la brigade Calabre et trois sections d'arditi s'élancent en direction du cirque montagneux de Feltre.

Sur le Piave, la 10e armée italienne est parvenue à constituer une tête de pont de 9 kilomètres de long sur 3 kilomètres de profondeur, tout en capturant 5620 soldats autrichiens et 24 canons. Une autre tête de pont est constituée plus au nord par la 12e armée italienne, aux environs de Valdobbiadene. La 8e armée italienne rencontre par contre les pires difficultés pour jeter des ponts. La violence du courant et le tir de l'artillerie ennemie, qui des collines de San Salvatore domine tout le lit du fleuve et balaye les deux rives d'un feu violent, rendent l'opération très difficile.

Cependant, malgré les difficultés du terrain et la résistance acharnée des Autrichiens, l'armée italienne progresse un peu partout sur l'ensemble du front, aussi bien dans le Trentin que sur le Piave. Le 29 octobre, la victoire semble se dessiner. Tous les ponts sont lancés sur le Piave et toutes les troupes italiennes passent le fleuve. Les dernières contre-attaques autrichiennes sont repoussées. Le 8e corps italien occupe Susegana et pousse une colonne mobile sur Vittorio Veneto. La 10e armée italienne passe le Monticano sur un large front. Au nord, le 22e corps italien, après avoir vaincu les dernières résistances de l'ennemi, poursuit sa marche en avant. La 12e armée italienne conquiert le mont Cesen et atteint Quero.

De toutes parts l'avance italienne devient foudroyante. Le 30, le commandement autrichien ordonne la retraite générale. La 12e armée italienne s'ouvre un passage à travers le défilé de Quero, la 8e armée force le défilé de Serravalle, au nord de Vittorio Veneto. La 10e armée italienne, après avoir soutenu un combat victorieux avec l'arrière-garde ennemie à Cimetta, atteint Livenza. La 3e armée italienne entre également en action à San Dona.

Le 31 octobre marque l'écroulement de l'armée austro-hongroise. Les bataillons d'alpini Exilles et Pieve di Cadore entre à Feltre. La progression italienne est foudroyante dans le Trentin, où tout le plateau d'Asiago est conquis. Les armées italiennes du Piave avancent avec une égale rapidité. Les colonnes de cavalerie italienne s'enfoncent profondément à l'intérieur du dispositif autrichien.

Le 2 novembre, les Italiens bousculent toute résistance autrichienne au bord du Tagliamento en capturant 100 000 soldats ennemis démoralisés et 2200 canons. Le 3, le général Diaz lance la proclamation suivante : « Le reste de cette armée, qui fut l'une des plus puissantes armées du monde, remonte en désordre et sans espoir les vallées qu'elle avait enlevées avec tant d'orgueilleuse assurance. »[46] Les troupes italiennes et alliées progressent de 150 kilomètres en seulement quatre jours ! La ville de Trieste est conquise par un débarquement de l'infanterie italienne de marine et des bersaglieri. Les Italiens pénètrent dans la vallée de l'Adige, tandis que des navires de guerre occupent toute la côte de l'Istrie et le port de Fiume.

L'armée italienne remporte une éclatante victoire en l'espace de quelques jours, véritable revanche de Caporetto, avec 430 000 prisonniers austro-hongrois et 6818 canons et mortiers capturés !

Devant la déroute sans précédent de l'armée austro-hongroise, l'empereur Charles VI demande un armistice à l'Italie, qui est conclu à Villa Guisti, non loin de Padoue, le 3 novembre 1918 et prend effet le lendemain.

La bataille de Vittorio Veneto se termine avec les pertes militaires suivantes : 40 000 soldats italiens tués ou blessés et 70 000 soldats austro-hongrois.

---

[46] *Archives militaires italiennes*, Rome.

CONCLUSION

Ces douze grandes batailles de la Première Guerre mondiale marquent un tournant dans l'histoire militaire.

La première bataille de la Marne (août - septembre 1914) met en valeur la capacité de l'armée française à contre-attaquer avec fougue, après une retraite difficile et éprouvante. Elle condamne l'armée allemande à une guerre d'usure sur deux fronts. Le canon français de 75 mm, modèle 1897, capable de tirer 25 obus à la minute, joue un rôle important dans le coup d'arrêt de l'infanterie allemande. L'aviation française de reconnaissance dévoile la manœuvre de l'ennemi dans toute son ampleur, permettant ainsi au général Joffre de prendre les bonnes décisions tactiques qui s'imposent. La qualité du matériel et de la troupe, le sens tactique et stratégique du commandement sont les clefs de cette victoire française.

La bataille de Tannenberg (août-septembre 1914)

souligne les faiblesses d'une armée russe, mal commandée, qui se révèle incapable de battre un adversaire allemand pourtant moins nombreux, mais dirigé par deux experts de la guerre de mouvements que sont Hindenburg et Ludendorff. La puissance de l'artillerie lourde allemande joue un rôle important dans cette victoire, en écrasant des masses d'infanterie russe prises dans la nasse. La grande mobilité des troupes allemandes surclasse une imposante armée adverse, lente et dispersée.

La bataille des Dardanelles (mars 1915 - janvier 1916), première grande opération militaire de débarquement avec des moyens modernes, tente d'étendre la guerre sur un autre front, afin d'affaiblir les puissances centrales. La coalition franco-britannique s'y engage à fond, avec notamment une force navale conséquente, mais se heurte à une habile et coriace résistance de l'armée turque, commandée en partie par d'excellents officiers allemands. L'armement lourd des cuirassés alliés se montre impuissant contre les batteries mobiles adverses, capables d'utiliser le terrain montagneux à leur avantage, alors que les forts ottomans subissent d'importantes destructions. Le débarquement allié ne parvient pas à percer en profondeur les défenses ennemies, souvent installées sur des hauteurs imprenables.

La bataille de Champagne (septembre 1915) est l'archétype de la guerre de tranchée, où l'armée française concentre son artillerie lourde sur un front limité, afin de détruire les puissantes défenses adverses et permettre à l'infanterie de percer et de revenir à la guerre de mouvement en terrain libre. Cependant, l'utilisation trop tardive des réserves ne permet pas l'exploitation des succès locaux sur le terrain. Le soldat français est coiffé du premier casque d'acier de combat au monde, le modèle Adrian, dont la fabrication industrielle va atteindre 22 millions d'exemplaires, en équipant également de nombreux autres pays alliés. Suite à l'adoption de ce casque les tués et blessés à la tête passent de 80% à 20% ! Cette offensive est un demi-succès, démontrant l'habileté tactique de la défense allemande et la ferme résolution du commandement français à vouloir emporter la décision, même au prix de très lourdes pertes.

La bataille de l'Isonzo (mai 1915 - septembre 1917) est le plus important affrontement militaire de l'histoire en zone montagneuse, avec onze offensives de l'armée italienne, contre des positions austro-hongroises souvent inexpugnables sur des sommets escarpés. Les troupes italiennes doivent déployer un effort surhumain pour conserver les positions conquises, dans des conditions climatiques extrêmes et sous les tirs de la puissante artillerie adverse, dont l'explosion des obus est centuplée par les éclats de la roche brisée. La fixation de nombreuses divisions austro-hongroises sur le front de l'Isonzo soulage les autres fronts, tout en démontrant l'extrême courage des soldats italiens, décimés lors d'assauts souvent suicidaires. La résistance acharnée des troupes impériales démontre toute l'habileté tactique défensive des soldats austro-hongrois.

La bataille de Verdun (février – décembre 1916) illustre parfaitement la puissance de l'armement moderne capable de bouleverser le terrain en quelques heures. La tactique allemande, l'artillerie détruit et l'infanterie occupe, se heurte à la résistance héroïque des troupes françaises. L'habile mise en place du ravitaillement et des renforts, prôné par le général Pétain, grippe l'offensive allemande. Les attaques allemandes se heurtent aux contre-attaques françaises. Les forces en présence et les pertes finissent par s'équilibrer. Finalement, l'armée français reprend seulement en quelques jours le terrain que l'armée allemand a mis des mois à conquérir.

La Somme (juillet – novembre 1916), autre grande bataille d'usure du front occidental, souligne le manque d'expérience des courageuses troupes britanniques, décimées massivement devant des positions allemandes établies en profondeur, alors qu'au même moment, l'excellente infanterie française, parfaitement soutenue par son artillerie, progresse avec célérité et conquiert tous les objectifs fixés. Cette bataille soulage le front de Verdun de la pression allemande et voit pour la première l'utilisation de tanks, soutenant l'infanterie. Les Britanniques sont les premiers à employer cette arme qui va révolutionner la guerre moderne.

La bataille du Chemin-des-Dames (avril 1917) utilise massivement l'artillerie lourde française pour enfoncer le front ennemi. Cependant, les principaux abris souterrains allemands résistent aux obus de gros calibres, si bien que l'offensive française s'enlise rapidement. Cette bataille n'est pas cependant un désastre si souvent annoncé par certains historiens. L'armée française progresse en divers endroits et les pertes humaines s'équilibrent dans les deux camps. La percée tant attendue est cependant un échec. Le prolongement de cette bataille se déroule quelques mois plus tard, en octobre-novembre 1917, et se termine à La Malmaison par un incontestable succès tactique français, du fait de la parfaite utilisation de l'artillerie et de l'infanterie sur le terrain, causant cette fois dix fois plus de pertes dans les rangs allemands.

La bataille de Caporetto (octobre-décembre 1917), visant la mise à mort de l'Italie, échoue finalement du fait du spectaculaire redressement des soldats italiens sur le Piave. Elle marque cependant le stratège par l'utilisation de troupes d'assaut austro-allemandes, extrêmement mobiles, capables d'effectuer une percée en profondeur, sans tenir compte des ailes, inaugurant une méthode de combat qui sera utilisée par les panzerdivisions en 1940. Un certain lieutenant Erwin Rommel se couvre de gloire à Caporetto. Les troupes italiennes, prises à revers, doivent effectuer une retraite de 140 kilomètres.

La bataille de Picardie et des Flandres (mars-avril 1918) cherche à écraser l'armée britannique, selon un mode opératoire identique à la bataille de Caporetto, à savoir la percée en profondeur des troupes d'assaut, soutenues par une puissante artillerie lourde. L'offensive allemande échoue du fait de l'arrivée des renforts français, constitués habilement par le général Pétain, sauvant ainsi l'armée britannique d'un désastre.

La seconde bataille de la Marne (mai-juillet 1918), véritable tournant de la guerre sur le front occidental, met une fois de plus en lumière l'habileté tactique et stratégique du commandement français, capable de tenir en échec les offensives allemandes par une défense en profondeur et une contre-offensive immédiate, utilisant massivement les chars et les avions, pour refouler l'infanterie allemande. Cette victoire décisive est remportée par une armée française au sommet de sa puissance, avant même l'arrivée massive des troupes américaines en première ligne.

La bataille de Vittorio Veneto (octobre-novembre 1918) cause la défaite définitive de l'Autriche-Hongrie, condamnant également l'Allemagne, désormais seule, à conclure un armistice rapide avec les Alliés. Elle souligne la capacité offensive de l'armée italienne, capable d'emporter la décision sous les ordres de l'excellent général Diaz. Elle démontre le rôle considérable joué par l'allié italien dans la défaite des puissances centrales en 1918.

Ces douze grandes batailles, panorama de l'histoire de la Première Guerre mondiale, permettent de comprendre l'importance de l'armement dans la guerre moderne, ainsi que l'évolution tactique et stratégique du combat sur un plan défensif et offensif.

SOURCES PRINCIPALES

Archives militaires françaises, Vincennes.

Archives militaires allemandes, Fribourg-en-Brisgau.

Archives militaires anglaises (Imperial War Museum), Londres.

Archives militaires italiennes, Rome.

Archives militaires autrichiennes, Vienne.

Archives militaires russes, Moscou.

Stéphane Audouin-Rouzeau, Annette Becker, *La Grande Guerre 1914-1918*, éditions Gallimard 2006.

Stéphane Audouin-Rouzeau, Jean-Jacques Becker, *Encyclopédie de la Grande Guerre*, éditions Bayard 2004.

Jean-Jacques Becker, *La Première Guerre mondiale*, éditions Belin 2003.

Olivier Beressi, *La Grande Guerre 1914-1918, l'histoire vraie de la Première Guerre mondiale*, éditions Cobra 2008.

Henry Bidou, *Histoire de la Grande Guerre*, éditions Gallimard 1936.

Yves Buffetaut, *Atlas de la Première Guerre mondiale*, éditions Autrement 2005.

Louis Cadars, *L'année sanglante de Verdun*, Les Cahiers de l'Histoire n°53, février 1966, Paris.

Raymond et Jean-Pierre Cartier, *La Première Guerre mondiale*, éditions Les Presses de la Cité 1982.

François Cochet, *Première Guerre mondiale*, éditions Studyrama 2001.

Emilio Faldella, *La Grande Guerra : le battaglie dell'Isonzo 1915-1917*, éditions Chiari 2004.

Franck Ferrand, Laurent Villate, R.G. Grant, *Les 1001 batailles qui ont changé le cours de l'Histoire*, éditions Flammarion 2012.

Marc Ferro, *La Grande Guerre*, éditions Gallimard 1990.

Liliane et Fred Funcken, *L'uniforme et les armes des soldats de la Guerre 1914-1918*, éditions Casterman 1970.

Paul Guichonnet, *l'Italie, la monarchie libérale 1870-1922*, éditions Hatier 1969.

Mario Isnenghi, *La Première Guerre mondiale*, éditions Casterman 1993.

Jean-Yves Le Naour, *La Première Guerre mondiale pour les nuls*, éditions First 2008.

Pierre Miquel, *Les Poilus*, éditions Pocket 2005.

Benito Mussolini, *Mon journal de guerre*, éditions Flammarion 1934.

Nicolas Offenstadt, *La Grande Guerre en trente questions*, éditions Odile Jacob 2002.

Commandant Amédée Tosti, *L'Italie dans la guerre mondiale 1915-1918*, éditions Payot 1933.

Général J.E. Valluy, avec la collaboration de Pierre Dufourcq, *La Première Guerre mondiale*, éditions Larousse 1979.

DU MÊME AUTEUR

L'Italie en guerre 1915-1918. Éditions Ulysse 1986.

Les guerres de Mussolini. Éditions Jacques Grancher 1988.

Connaître les châteaux du Périgord. Éditions Sud-Ouest 1989.

La Résistance dans le Sud-Ouest (préface de Jacques Chaban-Delmas). Éditions Sud-Ouest 1989.

L'épopée du corps franc Pommiès. Éditions Jacques Grancher 1990.

Le Sud-Ouest mystérieux. Éditions Sud-Ouest 1990.

L'affaire Grandclément. Éditions Sud-Ouest 1991.

Le livre d'or de la Résistance dans le Sud-Ouest. Éditions Sud-Ouest 1991.

Bordeaux pendant l'occupation. Éditions Sud-Ouest 1992.

Les contes populaires de toutes les Pyrénées. Éditions Sud-Ouest 1992.

Les grands crimes du Sud-Ouest. Éditions Sud-Ouest 1993.

Les FFI au combat. Éditions Jacques Grancher 1994.

Souvenirs de la guerre 1939-1945. Éditions Sud-Ouest 1995.

La montagne de lumière (roman). Éditions Lucien Souny 1995.

Gabriele d'Annunzio en France 1910-1915. Éditions J/D 1997.

Mussolini. Éditions Chronique 1997.

Rommel. Éditions Chronique 1998.

La poche du Médoc 1944-1945. Éditions CMD 1998.

Jacques Chaban-Delmas. Éditions CMD 1998.

Bordeaux et Arcachon à la Belle Époque. Éditions CMD 1998.

Bordeaux brûle-t-il ? La libération de la Gironde 1940-1945. Éditions Les Dossiers d'Aquitaine 1998.

Biarritz à la Belle Époque. Éditions CMD 1998.

Les corridas de Bayonne. Éditions CMD 1999.

Bordeaux, la base sous-marine 1940-1944. Éditions CMD 1999.

Bernadette Soubirous. Éditions CMD 1999.

Les échassiers des Landes. Éditions CMD 1999.

Périgord, l'aventure de la Préhistoire. Éditions CMD 1999.

Périgord, histoire de la truffe. Éditions CMD 1999.

Histoire de la France militaire et résistante. Éditions du Rocher 2000.

Aquitaine, histoire de la Résistance. Éditions CMD 2000.

Limousin, histoire de la Résistance. Éditions CMD 2001.

Orthon le farfadet et autres histoires mystérieuses de l'Aquitaine. Éditions du Rocher 2001.

Jean-Pierre Schnetzler, itinéraire d'un bouddhiste occidental. Éditions Desclée de Brouwer 2001.

L'affaire Bentzmann 1939-1945. Éditions les Chemins de la Mémoire 2002.

La poche de Royan 1939-1945. Éditions les Chemins de la Mémoire 2002.

Les combats victorieux de la Résistance dans la libération 1944-1945. Éditions du Cherche Midi 2002.

Les voies de la sérénité, les grandes religions et l'harmonie intérieure. Éditions Philippe Lebaud 2002.

Regards chrétiens sur le bouddhisme, de la diabolisation aux convergences. Éditions Dervy 2002.

Histoires mystérieuses du Sud-Ouest. Éditions les Chemins de la Mémoire 2002.

La bataille des cadets de Saumur, juin 1940. Éditions les Chemins de la Mémoire 2002.

La libération du Sud-Ouest 1944-1945. Éditions les Chemins de la Mémoire 2003.

Le grand livre des fantômes. Éditions Trajectoire 2003.

Lama Namgyal, vie et enseignement d'un moine bouddhiste occidental. Éditions les Presses de la Renaissance 2003.

Arcachon : pages de son histoire. Éditions les Chemins de la Mémoire 2003.

Visite historique de Bayonne. Éditions les Chemins de la Mémoire 2003.

Visite historique de Biarritz. Éditions les Chemins de la Mémoire 2003.

Visite historique de Bordeaux. Éditions les Chemins de la Mémoire 2003.

Visite historique du Bassin d'Arcachon. Éditions les Chemins de la Mémoire 2003.

Les plages du débarquement. Éditions les Chemins de la Mémoire 2003.

La France combattante de la victoire 1944-1945. Éditions les Chemins de la Mémoire 2003.

La Poche de la Rochelle 1944-1945. Éditions les Chemins de la Mémoire 2003.

Rommel (biographie), la fin d'un mythe. Éditions du Cherche Midi 2003.

Les Chercheurs d'Absolu. Éditions du Félin 2003.

Lama Guendune, un grand maître tibétain en France. Éditions Oxus 2003.

Les vies antérieures, des preuves pour la réincarnation. Éditions du Félin 2004.

Histoire de la presse en France. Éditions de Vecchi 2004.

Les voies spirituelles du bonheur (yoga, bouddhisme, oraison, soufisme). Éditions inFolio 2005.

Les Jésuites. Éditions de Vecchi 2005.

Comme des lions, Le sacrifice héroïque de l'armée française en mai-juin 1940. Éditions Calmann Lévy 2005.

Les Templiers. Éditions de Vecchi 2005.

Les grandes affaires de la Résistance. Éditions Lucien Souny 2005.

La Réincarnation, histoires vraies. Éditions Trajectoire 2006.

Les Missionnaires. Éditions de Vecchi 2006.

C'est nous les Africains, l'épopée de l'armée française d'Afrique 1940-1945. Éditions Calmann Lévy 2006.

Histoires extraordinaires du bouddhisme tibétain. Éditions InFolio 2006.

Les grands ordres militaires et religieux. Éditions Trajectoire 2006.

Histoires extraordinaires de la Seconde Guerre mondiale. Éditions Lucien Souny 2006.

Jean Moulin. Éditions Infolio 2007.

La dérive intégriste. Éditions Acropole 2007.

La libération de la France. Éditions Lucien Souny 2007.

Lieux de pèlerinages et grandes processions. Éditions Trajectoire 2007.

Mers el-Kébir, juillet 1940. Éditions Calmann-Lévy 2007.

Lourdes la miraculeuse. Éditions Trajectoire 2008.

Les poches de l'Atlantique 1944-1945. Éditions Lucien Souny 2008.

Les 35 plus grandes affaires criminelles. Éditions Trajectoire 2008.

La guerre italo-grecque 1940-1941. Éditions Calmann-Lévy 2008.

Les victoires militaires françaises de la Seconde Guerre mondiale. Éditions Lucien Souny 2009.

La bataille de Bir Hakeim, une résistance héroïque. Éditions Calmann-Lévy 2009.

Convergences chrétiennes et bouddhistes. Éditions Oxus 2009.

Les grandes figures de la Résistance. Éditions Lucien Souny 2009.

Les mystères des manuscrits de la mer Morte. Éditions de Vecchi 2009.

Les mystères des prophéties. Éditions de Vecchi 2009.

Spectres, esprits et apparitions. Éditions de Vecchi 2009.

Le bouddhisme vu par la science. Éditions Oxus 2010.

La bataille de France jour après jour mai-juin 1940. Éditions Le Cherche Midi 2010.

Croyances et légendes populaires. Éditions de Vecchi 2010.

La bataille de Stonne, Ardennes 1940. Éditions Perrin 2010.

L'apport capital de la France dans la victoire des Alliés, 1914-1918 et 1939-1945. Éditions Le Cherche Midi 2011.

La bataille de Dunkerque 26 mai – 4 juin 1940. Éditions Tallandier 2011.

39-45 Les soldats oubliés, ceux dont l'Histoire ne parle plus. Éditions Jourdan 2012.

L'armée française pour les Nuls. Éditions First 2012.

Koenig, l'homme de Bir Hakeim. Éditions du Toucan 2012.

La libération de la France jour après jour 1944-1945. Éditions Le Cherche Midi 2012.

Histoire générale de la Résistance française. Éditions Lucien Souny 2012.

La Résistance. Éditions Gründ 2012.

La Gestapo et les Français. Éditions Pygmalion 2013.

Légendes et fadaises de la Seconde Guerre mondiale. Éditions Jourdan 2013.

Histoires extraordinaires de la Résistance française. Éditions Le Cherche Midi 2013.

La Résistance pour les nuls. Éditions First 2013.

Fiers de notre histoire. Éditions First 2013.

Les Crimes nazis lors de la Libération de la France 1944-1945. Éditions Le Cherche Midi 2014.

12 Trains qui ont changé l'Histoire. Éditions Pygmalion 2014.

La bravoure méconnue des soldats italiens 1914-1918 & 1939-1945. Éditions Altipresse 2014.

Gabriele d'Annunzio ou le roman de la Belle Époque. Éditions Le Rocher 2014.

Les opérations commandos de la Seconde Guerre mondiale. Nouveau Monde éditions 2014. Nouvelle éditions en Poche 2016.

Les grandes figures de la Résistance française. Éditions Sud-Ouest 2014.

Combats oubliés, résistants et soldats français dans les combats de la Libération 1944-1945. Éditions du Toucan-L'Artilleur 2014.

Éloge de l'armée française. Éditions Pierre de Taillac 2014.

La France s'est faite à coups d'épée, l'épopée des grandes batailles d'Hastings à la Libération. Éditions Armand Colin 2015.

Histoires extraordinaires de la guerre aérienne 1939-1945. Éditions JPO 2015.

Histoires incroyables et héroïques de la Résistance. Éditions JPO 2015.

Bordeaux sous l'Occupation. Geste éditions 2015.

Alain Juppé sans masque. Éditions First 2016.

Histoires extraordinaires de la Seconde Guerre mondiale. Éditions Le Cherche Midi 2016.

Histoires incroyables de la guerre 1939-1945. Métive éditions 2016.

Petite histoire du Pays basque. Geste éditions 2016.

La poche du Médoc 1944-1945. Geste éditions 2016.

La libération du Sud-Ouest. Geste éditions 2016.

Les grandes affaires d'espionnage de la Ve République. Éditions First 2016.

Histoire du Pays basque. Geste éditions 2016.

Le mythe du sauveur américain 1917-1918, essai sur une imposture historique. Éditions Pierre de Taillac 2017.

Jean-Claude Hubert, souvenirs de guerre d'un résistant, contre-espion et commando 1939-1945. Geste éditions 2017.

La Charente sous l'occupation. Geste éditions 2017.

Le Pays basque sous l'occupation. Geste éditions 2017.

Le Lot-et-Garonne sous l'occupation. Geste éditions 2017.

Les Landes sous l'occupation. Geste éditions 2017.

Les 100 000 collabos, le fichier interdit de la collaboration française. Éditions Le Cherche Midi 2017.

Ces chrétiens qui ont résisté à Hitler. Éditions Artège 2018.

SS français, récits, lettres et témoignages inédits de la SS Charlemagne. Éditions Jourdan 2018.

Nouvelles histoires extraordinaires de la Résistance, 16 récits inédits de héros qui ont sauvé la France. Éditions Alisio-Leduc 2018.

Les années interdites. Auteurs, journalistes et artistes dans la Collaboration. Éditions de l'Archipel 2018.

Les grandes affaires de la Libération 1944-1945. Éditions Alisio 2019.

Les vérités cachées de la Seconde Guerre mondiale. Éditions du Rocher 2019.

Histoires extraordinaires de miracles et d'apparitions. Enquêtes et récits sur l'invisible dans les traditions chrétiennes et bouddhistes. Éditions Leduc 2019.

Jésus l'universel, l'histoire d'un message spirituel. Éditions Alisio 2019.

L'imposture du sauveur américain 1917-1918 / 1941-1945. Éditions Le Retour aux sources 2020.

Albert Roche, premier soldat de France. Éditions Le Retour aux sources 2020.

Éditions Le Retour aux Sources

www.leretourauxsources.com

www.ingramcontent.com/pod-product-compliance
Lightning Source LLC
Chambersburg PA
CBHW070727160426
43192CB00009B/1346